Kompendium

Satellitennavigation mit standardisierten Positionsnamen bei Wanderungen
Diskrete Protokollierung von Wegstrecken

Band 1

AF198850

Für meinen Patt Paul

WOLFGANG P. NIEDER

SATELLITENNAVIGATION MIT STANDARDISIERTEN POSITIONSNAMEN BEI WANDERUNGEN

DISKRETE PROTOKOLLIERUNG VON WEGSTRECKEN

BAND 1

MIX
Papier aus ver-
antwortungsvollen
Quellen
Paper from
responsible sources
FSC® C105338

Bibliografische Information der Deutschen Nationalbibliothek:
Die Deutsche Nationalbibliothek verzeichnet diese Publikation in der Deutschen Nationalbibliografie; detaillierte bibliografische Daten sind im Internet über www.dnb.de abrufbar.

Herstellung und Verlag: BoD - Books on Demand, Norderstedt
ISBN: 978-3-7448-3596-1

INHALTSVERZEICHNIS

INHALTSVERZEICHNIS

Appendix

EINLEITUNG

Eine verblüffend einfache Idee mit erstaunlicher Wirkung war ausschlaggebend für die Entwicklung einer Methode, die neben den klassischen Funktionen eines Empfängers für globale Navigationssatellitensysteme (GNSS-Empfänger[*]) bei der Orientierung im Gelände assistiert, um eine Wanderung möglichst ohne hinderliche Kurskorrekturen durchführen zu können. Zeitraubende Umwege oder überflüssiges Umkehren lassen sich damit bereits an kritischen Verzweigungen effektiv verhindern. Dieses Kompendium beschreibt ein praktikables und erprobtes Verfahren, das in Verbindung mit einem GNSS-Empfänger[*] die Orientierung während einer Wanderung durch ein zusätzliches Navigationsschema optimal ergänzt. Dies wird mit einem strukturierten Satz standardisierter Positionsnamen für Wegpunkte erreicht, der in Kombination mit einer Route und einer Kursaufzeichnung (Track-Log) benutzt werden kann. Die standardisierten Positionsnamen liefern an Verzweigungen und exponierten Stellen eines Wanderweges navigations- und positionsrelevante Informationen und bieten dadurch selbst ohne Satellitenempfang temporär noch Anhaltpunkte für die weitere Navigation.

1   VERFAHREN

Das Verfahren definiert eine transparente Schnittstelle (Interface) zwischen der Wegstreckenprotokollierung (Scouting) und dem Wanderer als Anwender und basiert auf markierten Wegpunkten. Ein Wegpunkt (Waypoint, Point of Interest, Checkpoint) identifiziert eine eindeutige Position auf der Erde und setzt sich aus seinen geografischen Koordinaten und einem zugeordneten Positionsnamen zusammen. Während die Darstellung der Koordinaten durch das Positionsformat des benutzten Kartengitters bestimmt wird, ist der Positionsname bei handelsüblichen GNSS-Empfängern* frei wählbar. Dadurch ergibt sich die Möglichkeit, den Positionsnamen mittels einer prägnanten Syntax als Navigationshilfe heranzuziehen, die über eine rein numerische oder informelle Wegpunktsequenz hinausgeht.

Während der Wegstreckenprotokollierung werden mit einem GNSS-Empfänger* an navigationsrelevanten und exponierten Positionen die geografischen Koordinaten für eine Wegstrecke gemessen und jeweils mit einem durch das Verfahren standardisierten Positionsnamen zu Wegpunkten ergänzt. Die Semantik der standardisierten Positionsnamen informiert über die zusätzlichen elementaren Orientierungshinweise. Das Endprodukt ist ein strukturierter Satz standardisierter Positionsnamen für Wegpunkte, der im Folgenden als Wegpunktesatz (Set of Waypoints) bezeichnet wird. Die Wegpunkte dokumentieren diskret eine Wegstrecke und können in der korrespondierenden Wanderrichtung zu einer Route verkettet werden. Steht einem Wanderer neben der Route und der Kursaufzeichnung (Track-Log) auch ein Wegpunktesatz zur Verfügung, dann wird er während der Wanderung durch ein dreistufiges Navigationsmodell unterstützt. Ferner besteht die Möglichkeit, einen Wegpunktesatz mit Varianten zu erweitern.

Inhalt dieses Kompendiums ist es, den syntaktischen Aufbau der standardisierten Positionsnamen zu definieren und zu interpretieren. Wegstrecken mit querfeldein verlaufenden Abschnitten werden nicht behandelt.

Die Anwendung des Verfahrens setzt einen GNSS-Empfänger* und elementare Kenntnisse im Umgang mit Wegpunkten, Routen und Kursaufzeichnungen voraus. Das Gerät muss für Wegpunkte eine freie Namenszuordnung erlauben. Eine gut lesbare Darstellung der Namen auf der Geräteanzeige (Display) ist obligatorisch. Der Leistungsumfang sollte Funktionen enthalten, die einen automatischen Datenaustausch mit einem Computer unterstützen. Eine manuelle Dateneingabe reicht theoretisch zwar aus, ist jedoch sehr zeitaufwendig und fehleranfällig.

Das Verfahren ist unabhängig davon, von welchem globalen Navigationssatellitensystem (Global Navigation Satellite System) ein GNSS-Empfänger* Signale verarbeitet. Auf eine Einführung in ein globales Navigationssatellitensystem und eine allgemeine Funktionsbeschreibung eines GNSS-Empfängers* wird daher bewusst verzichtet. Beide Themen werden als bekannt vorausgesetzt. Derzeit bestehen folgende Satellitensysteme:

- NAVSTAR GPS (Navigational Satellite Timing and Ranging - Global Positioning System) der Vereinigten Staaten
- GLONASS (Global Navigation Satellite System) der Russischen Föderation
- Galileo der Europäischen Union
- Beidou (China)

Eine aktuelle Übersicht der auf dem Markt erhältlichen GNSS-Empfänger* ist aufgrund der Produktvielfalt und der permanent erscheinenden Produktneuheiten im Rahmen dieses Kompendiums nicht zweckdienlich und sollte vielmehr der einschlägigen Literatur entnommen werden.

2   BENUTZUNGSHINWEISE

Das Kompendium behandelt im Kapitel 5 die syntaktischen Elemente und die Navigationskomponenten. Die syntaktischen Elemente dienen zur Konstruktion der Navigationskomponenten und liefern für deren Notation das zulässige Vokabular. Mit den Navigationskomponenten wird eine Wegstrecke diskret abgebildet. Die Bezeichnungen der syntaktischen Elemente werden im Text mit ihrer in der Syntax benutzten Abbreviatur ergänzt. Die Abbreviatur wird kursiv dargestellt und steht in Klammern hinter der Bezeichnung. Wenn eine Abbreviatur in der Syntax unterstrichen ist, dann ist ihre Notation optional (siehe Appendix A.1).
Bei den grafischen Darstellungen werden die folgenden Symbole verwendet:

■	- Wegpunkt
▬	- Wegstrecke
• • •	- Unbestimmte Distanz
▶	- Wanderrichtung
00-AP	- Positionsname

Das Verkehrszeichen „Gefahrstelle" (⚠) weist auf besondere Verfahrensrichtlinien hin, hebt spezielle Interpretationsregeln hervor und warnt vor möglichen Verwechslungen. Sind Stichworte unterstrichen, dann sind sie an anderer Stelle näher erklärt. Befindet sich hinter einem Stichwort oder einer sinngemäß zusammenhängenden Wortgruppe ein Sternchen*, dann ist dafür ein Eintrag im Glossar zu finden.
Der Kapitelaufbau unterstützt den theoretischen Einstieg in die Entwicklung eines Wegpunktesatzes (Set of Waypoints). Der mehr praktische Einstieg beginnt mit der Basisspezifikation (Kapitel 5.9) und benutzt für die Notation die syntaktischen Elemente als Nachschlagewerk.

3   WEGSTRECKE

Eine Wegstrecke setzt sich aus Streckentypen und Verzweigungen zusammen. Eine Verzweigung belegt eine Position, an der mindestens drei Streckentypen zusammentreffen. Zu den Verzweigungen zählen Abzweigungen, Kreuzungen und Wegspinnen. Ein Streckentyp verbindet zwei

Positionen miteinander. Streckentypen werden in reale Streckentypen und querfeldein verlaufende Wegstreckenabschnitte unterteilt. Bei den realen Streckentypen ist zwischen Wegekategorien und konstruktiven Komponenten zu unterscheiden. Die Wegekategorien lassen sich auf vier reale Streckentypen reduzieren: Straße (Fahrweg mit Belag), Piste (Fahrweg ohne Belag), Weg (breiter Gehweg) und Pfad (schmaler Gehweg). Konstruktive Komponenten sind bauliche Maßnahmen oder Konstruktionen, die Streckentypen miteinander verbinden oder adäquat ergänzen. Sie erlauben es, schwierige Geländeformen komfortabel zu überwinden. Dazu zählen zum Beispiel Brücken, Fähren, Klettersteige, Staumauern, Treppen, Tunnel, usw. Querfeldein verlaufende Wegstreckenabschnitte führen durch wegloses Gelände.

Identifizierbare temporäre Streckentypen, wie Rückewege (Holzwege) oder Feldzufahrten, die nur während einer gewissen Periode oder saisonbedingt wahrnehmbar sind, oder private Streckentypen, wie Einfahrten zu Wohnhäusern oder terminierende Grundstückszufahrten, bleiben bei der Wegstreckenprotokollierung (Scouting) und der Interpretation durch den Wanderer als Anwender unberücksichtigt, weil ihre Integration in eine Wegstrecke in der Regel unzweckmäßig oder unstatthaft ist.

4   WEGPUNKT

Ein Wegpunkt (Waypoint) repräsentiert eine geografische Position. Er setzt sich aus den Positionskoordinaten und einem Positionsnamen zusammen.

4.1   POSITIONSKOORDINATEN

Das Format der Positionskoordinaten wird in der Regel durch das Kartengitter der benutzten topografischen Karte bestimmt. Ein GNSS-Empfänger[*] ist auf das entsprechende Koordinatennetz und Kartendatum einzustellen. In der Praxis sind häufig die Formate des geografischen Gradnetzes und des UTM-Kartengitters gebräuchlich.

Geografisches Gradnetz:	49°23'50,9"N;	07°15'57,9"E
UTM-Kartengitter:	32U 374193E	5473087N

4.2 POSITIONSNAME

Das Verfahren belegt den Positionsnamen mit einer prägnanten Syntax, die als zusätzliche Navigationshilfe eingesetzt wird. Ein Positionsname setzt sich aus Klein- und Großbuchstaben, Ziffern, Leerzeichen, Plus- und Minuszeichen zusammen. Seine maximale Zeichenanzahl wird durch die technische Leistungsfähigkeit des benutzten GNSS-Empfängers[*] begrenzt (siehe Appendix A.1).

Neben einer allgemeingültigen Syntax wird auch eine restriktive Syntax behandelt, um die Kompatibilität des Verfahrens mit möglichst vielen handelsüblichen GNSS-Empfängern[*] zu gewährleisten und dadurch eine möglichst universelle und praxisorientierte Anwendung des Verfahrens zu erreichen. Die syntaktischen Einschränkungen liegen als Basisrestriktionen vor. Die Basisrestriktionen begrenzen den Positionsnamen auf 10 Zeichen und schließen Kleinbuchstaben aus. Die limitierte Zeichenanzahl zwingt bisweilen zur syntaktischen Unvollständigkeit. In diesen Fällen hat die Protokollierung der repräsentativen Streckenführung Priorität. In den betroffenen Kapiteln wird auf die syntaktischen Auswirkungen der Basisrestriktionen und auf praktikable Korrekturmaßnahmen explizit hingewiesen. Die Korrekturmaßnahmen dienen bei einer abweichenden limitierten Zeichenanzahl als Leitfaden und lassen sich adäquat übernehmen.

Generell wird die Übersichtlichkeit auf den Geräteanzeigen (Displays) durch eine möglichst geringe Zeichenanzahl gefördert und die ausschließliche Verwendung von Großbuchstaben verleiht der Syntax ein weniger kryptisch wirkendes Erscheinungsbild. Überlagerungen der Positionsnamen auf der Geräteanzeige treten seltener auf und die Periode einer vollständigen Darstellung eines Positionsnamens wird verkürzt.

Das Verfahren unterscheidet zwischen lokalen Positionsnamen und regionalen Positionsnamen. Während lokale Positionsnamen einer Wegstrecke zugeordnet sind, handelt es sich bei regionalen Positionsnamen um zentrale Orientierungspunkte in einer Region (Wandergebiet). Die Verwendung regionaler Positionsnamen ist optional.

5 LOKALER POSITIONSNAME

Lokale Positionsnamen sind Wegstrecken zugeordnet und ermöglichen eine hinreichende Dokumentation eines Streckenverlaufs. Die Notation der lokalen Positionsnamen setzt sich aus standardisierten, syntaktischen Elementen zusammen. Die syntaktischen Elemente liefern das für die Notation benötigte Vokabular und dienen der Konstruktion von Navigationskomponenten. Das Vokabular umfasst die für die Navigation, die Richtungsermittlung und die Positionsbestimmung benötigten Informationen. Die folgenden syntaktischen Elemente werden von dem Verfahren unterstützt:

- Positionssequenznummer (N)
- Vokabular der Basisspezifikationen (B)
- Vokabular der Verzweigungstypen (X)
- Vokabular der Elementarrichtungen (R)
- Abbiegungsnummer (A)
- Kommentar (K)
- Vokabular der Variantenarten (V)
- Variantennummer (Z)

Die Navigationskomponenten sind konfektionierte Informationsträger, die eine diskrete Protokollierung einer Wegstrecke ermöglichen. Sie sind darauf abgestimmt, komplexe Wegstreckenstrukturen flexibel realisieren zu können:

- Basisspezifikation
- Verzweigungstyp
- Verzweigungstyp mit Richtungssequenz
- Peilpunkt
- Attraktion
- Attraktion abseits der Wegstrecke
- Repetiertyp
- Verzweigungstyp mit Kommentar
- Variantentyp
- Variantenidentifikation
- Einstiegspunkt

Diverse Navigationskomponenten lassen sich mit verfahrensrelevanten Funktionen parametrieren:

- Wendepunkt
- Auffangpunkt
- Fixierpunkt
- Abstecher
- Alternativer Ausgangspunkt
- Ausstiegspunkt
- Rudimentärer Variantenindikator
- Demonstrativer Variantenindikator

5.1   POSITIONSSEQUENZNUMMER

Die Notation kursrelevanter lokaler Positionsnamen beginnt mit einer Positionssequenznummer (N). Die Positionssequenznummern (N) werden in der Wanderrichtung einer Wegstrecke aufsteigend durchnummeriert. Sie legen die Reihenfolge der Wegpunkte (Waypoints) fest und gewährleisten die Eindeutigkeit der lokalen Positionsnamen. Die Positionssequenznummer (N) der repräsentativen Wegstrecke ist numerisch (natürliche Zahl) und mindesten zwei Zeichen lang. Sie wird gemäß der benutzten Zeichenanzahl mit führenden Nullen notiert. Die Zeichenanzahl ist für alle Positionssequenznummern (N) eines Wegpunktesatzes (Set of Waypoints) identisch. Die Nummerierung der Positionssequenznummern (N) beginnt mit Null.

$$N >= 0$$

Die Zeichenanzahl wird durch die für eine Wegstreckenprotokollierung (Scouting) benötigten kursrelevanten lokalen Positionsnamen bestimmt. Für die Positionssequenznummer (N) ist die kürzest mögliche Zeichenanzahl zu verwenden. Eine ein Zeichen lange Positionssequenznummer (N) wird aufgrund ihrer unzureichenden Praxistauglichkeit (maximal zehn Wegpunkte) von dem Verfahren nicht unterstützt. Die Beispiele in diesem Kompendium orientieren sich an einer zwei Zeichen langen Positionssequenznummer (N), die in der Praxis für die Protokollierung einer Wegstrecke in den meistens Fällen ausreicht. Für die Diskussion der Basisrestriktionen wird ebenfalls eine zwei Zeichen lange Positionssequenznummer (N) zugrunde gelegt.

Bei der Protokollierung individueller Wegstrecken von Varianten wird zur Unterscheidung der Buchstabe „V" bündig vor die Positionssequenznummer (N) platziert. Eine Positionssequenznummer (N) mit dem Präfix „V" wird Positionssequenznummer (N) einer Variante genannt. Verfahrensbedingt ist der numerische Teil der Positionssequenznummer (N) einer Variante größer als Null.

$$N > 0$$

5.2 VOKABULAR DER BASISSPEZIFIKATIONEN

Das Vokabular der Basisspezifikationen (*B*) besteht aus zwei zweistelligen Kürzeln, die den Ausgangs- und Endpunkt einer Wegstrecke festlegen.

```
Basisspezifikation (B)  :=  {
                            Ausgangspunkt   =  AP,
                            Endpunkt        =  EP
                            }
```

5.3 VOKABULAR DER VERZWEIGUNGSTYPEN

Das Vokabular der Verzweigungstypen (*X*) legt auf einer Wegstrecke die strukturelle Eigenschaft der Positionen fest, die auf einem realen Strecken-typ erreicht und die wahlweise auf einem anderen realen Streckentyp oder auf demselben in umgekehrter Wanderrichtung verlassen werden können.

```
Verzweigungstyp (X)  :=  {
                         Umkehrpunkt  =  U,
                         Abzweigung   =  A,
                         Kreuzung     =  K,
                         Wegspinne    =  W
                         }
```

Die strukturelle Eigenschaft eines Umkehrpunktes setzt sich aus zwei, die einer Abzweigung aus drei, die einer Kreuzung aus vier, und die einer Wegspinne aus mehr als vier realen Streckentypen zusammen.

5.4 VOKABULAR DER ELEMENTARRICHTUNGEN

Das Vokabular der Elementarrichtungen (*R*) umfasst die Definitionen der trivialen Navigation. Die Elementarrichtungen werden im Gelände immer entsprechend der momentanen Wanderrichtung interpretiert.

```
Elementarrichtung (R)       :=  {
                                rechts     =  R,
                                links      =  L,
                                geradeaus  =  G,
                                zurück     =  Z
                                }
```

5.5   ABBIEGUNGSNUMMER

Eine Abbiegungsnummer (A) bestimmt an asymmetrischen Kreuzungen[*] und an Wegspinnen den realen Streckentyp, auf dem eine Wanderung fortgesetzt wird. Sie ist numerisch (natürliche Zahl) und maximal zwei Zeichen lang. Sie wird, beginnend mit einer Eins, ohne führende Nullen aufsteigend durchnummeriert.

$$1 <= A <= 99$$

Eine Abbiegungsnummer (A) tritt immer in Verbindung mit dem Vokabular der Elementarrichtungen (R) auf. Die Elementarrichtungen „R" und „L" werden mit einer Abbiegungsnummer (A) bündig ergänzt. Zur Ermittlung der Abbiegungsnummer (A) werden die zusammentreffenden realen Streckentypen durchnummeriert. Die Zählung beginnt mit dem realen Streckentyp, der sich neben dem befindet, auf dem eine asymmetrische Kreuzung[*] oder eine Wegspinne erreicht wird. Die Elementarrichtung gibt den Zählmodus an. Steht als Elementarrichtung ein „R", dann beginnt die Zählung rechts und wird entgegen dem Uhrzeigersinn ausgeführt. Entsprechend beginnt die Zählung bei der Elementarrichtung „L" links und erfolgt im Uhrzeigersinn. Der Zählmodus ist so zu wählen, dass die weitere Wegstrecke unmissverständlich identifiziert werden kann. Wenn alle realen Streckentypen deutlich zu erkennen sind, dann ist die Elementarrichtung, die zugleich auf die weitere Wanderrichtung hinweist, vorzuziehen. Die Limitierung der Abbiegungsnummer (A) auf maximal zwei Zeichen begünstigt die Praxistauglichkeit des Verfahrens.

5.6 KOMMENTAR

Mit einem Kommentar (*K*) werden positionsspezifische Attribute dokumentiert. Er liefert Hinweise für die Richtungsermittlung, dient der Positionsbestimmung, unterstützt verfahrensrelevante Funktionen oder beinhaltet individuelle Ergänzungen. Das Verfahren stellt das Vokabular der Himmelsrichtungen und das Vokabular der Standardkommentare zur Verfügung und bietet die Möglichkeit, individuelle Kommentare zu verwenden. Mit einem Kommentar (*K*) können mehrere Attribute als Kommentarsequenz dargestellt werden.

5.6.1 VOKABULAR DER HIMMELSRICHTUNGEN

Das Vokabular der Himmelsrichtungen umfasst die gängigen Abkürzungen einer Windrose mit 16er-Teilung.

> **SW**

Die Tabelle fasst das Vokabular der Himmelsrichtungen zusammen.

```
Kommentar (K) ⊃ {
                 Norden        =  N,
                 Nordnordost   =  NNO,
                 Nordost       =  NO,
                 Ostnordost    =  ONO,
                 Osten         =  O,
                 Ostsüdost     =  OSO,
                 Südost        =  SO,
                 Südsüdost     =  SSO,
                 Süden         =  S,
                 Südsüdwest    =  SSW,
                 Südwest       =  SW,
                 Westsüdwest   =  WSW,
                 Westen        =  W,
                 Westnordwest  =  WNW,
                 Nordwest      =  NW,
                 Nordnordwest  =  NNW
                 }
```

Das Vokabular der Himmelsrichtungen ist eine echte Teilmenge (⊃) der Kommentare (*K*).

5.6.2 VOKABULAR DER STANDARDKOMMENTARE

Das Vokabular der Standardkommentare steht für positionsrelevante Merkmale oder verfahrensrelevante Funktionen. Sie unterstützen die Interpretation eines Kommentars (K) und optimieren die Anwendung bezüglich der Länge der Positionsnamen. Im Sinne einer einheitlichen und vereinfachten Interpretation der Syntax ist es deshalb zweckmäßig, das Vokabular der Standardkommentare möglichst zu verwenden. Das Vokabular der Standardkommentare setzt sich aus zweistelligen Kürzeln (Großbuchstaben) zusammen.

```
GF
```

Eine Übereinstimmung der Standardkommentare mit dem navigationsrelevanten Vokabular der Himmelsrichtungen ist unzulässig. Treffen an einer Position mehrere Standardkommentare zu, dann können die betroffenen Kürzel bündig hintereinander als Standardkommentarsequenz notiert werden. Ein Standardkommentar oder eine Standardkommentarsequenz dürfen kein sinnvolles Wort ergeben.

```
GWSH
```

Ein Standardkommentar kann eine einzige oder mehrere positionsrelevante Merkmale beziehungsweise verfahrensrelevante Funktionen mit derselben Charakteristik repräsentieren. Positionsrelevante Merkmale sollten sich an Verzweigungen in Sichtweite befinden. Sie können somit auch vor oder hinter einer Verzweigung liegen. Innerhalb einer Standardkommentarsequenz kann derselbe Standardkommentar mehrfach notiert werden, wenn sich damit die Orientierung oder die Interpretation verfahrensrelevanter Funktionen optimieren lässt. Wenn möglich werden bei einer Standardkommentarsequenz die Standardkommentare in der im Gelände auftretenden Reihenfolge notiert. Wird dadurch die maximale Gesamtzeichenanzahl überschritten, dann sind die Standardkommentare zu favorisieren, die die Navigation unterstützen. Dahinter werden die Standardkommentare berücksichtigt, die zur besseren Identifikation der Position beitragen und im Anschluss die, die das Thema der Wanderung unterstreichen.

Die folgende Tabelle fasst das Vokabular der Standardkommentare zusammen. Die positionsrelevanten Merkmale sind mit einem Stern (*) gekennzeichnet und im Anschluss erklärt. Die verfahrensrelevanten Funktionen werden als Navigationskomponenten ausführlich behandelt.

Kommentar (*K*) ⊃ {		
Abstecher	=	AB,
Alternativer Ausgangspunkt	=	AP,
* Bachüberquerung, Furt	=	BG,
Ausstiegspunkt	=	EP,
Fixierpunkt	=	FP,
* Gebäude	=	GB,
* Georeliefform	=	GF,
* Gasthaus	=	GH,
* Gewässer	=	GW,
* Konstruktive Komponente	=	KK,
* Kulturkuriosität	=	KT,
* Linkskurve, Linkskehre	=	LK,
* Naturkuriosität	=	NT,
* Panorama, Aussichtspunkt	=	PM,
* Platz, Verzweigungsfläche	=	PL,
* Quelle, Brunnen	=	QL,
* Rechtskurve, Rechtskehre	=	RK,
* Rastplatz	=	RP,
* Ruine	=	RN,
* Schutzhütte	=	SH,
* Standortmarkierung	=	SM,
Auffangpunkt	=	SP,
Rudimentärer Variantenindikator	=	VR,
Demonstrativer Variantenindikator	=	VD,
Wendepunkt	=	WP
}		

Das Vokabular der Standardkommentare ist eine echte Teilmenge (⊃) der Kommentare (*K*).

Erklärungen zu den mit einem Stern (*) gekennzeichneten Standardkommentaren:

BG	Die Wegstrecke erfordert eine Bachüberquerung oder führt durch eine Furt. Der Bach oder die Furt können dauerhaft oder zeitweise Wasser führen. Der Standardkommentar ist an einer repetierend genutzten Verzweigung nur dann zulässig, wenn die Überquerung bei der ersten Passage durchgeführt wird.

GB	Ein Gebäude ist ein Bauwerk mit Dach, das Räume umschließt und betreten werden kann. Ein isoliert stehendes Gebäude, ein Gebäude am Rand einer Wohnsiedlung oder ein besonderes Gebäude innerhalb einer Wohnsiedlung kann die Orientierung positionsrelevant unterstützen.
GF	Georeliefformen markieren Positionen, die für den Verlauf einer Wegstrecke signifikant sind. Dazu zählen: Felssporne, Gebirgsgrate, Gebirgskämme, Gebirgspässe, Gipfel (Nebengipfel), Gratzacken, Joche, Kulminationspunkte, Sättel, Scharten, Talsohlen, usw.
GH	Ein Gasthaus ist ein gastronomischer Betrieb, in dem Speisen und Getränke zum sofortigen Verzehr verkauft werden und das hierzu eine Aufenthaltsmöglichkeit bietet. Dazu zählen: Berghütten, Biergärten, Gasthöfe, Gaststätten, Hotels, Restaurants, Wanderhütten, Wirtshäuser, usw.
GW	Ein Gewässer ist ein in der Natur stehendes oder fließendes Wasser. Dazu zählen: Meere, Seen, Stauseen, Weiher, Teiche, Ströme, Flüsse, Bäche, Kanäle, usw.
KK	In die Wegstrecke ist eine konstruktive Komponente integriert. Der Standardkommentar ist an einer repetierend genutzten Verzweigung nur dann zulässig, wenn sie bei der ersten Passage genutzt wird.
KT	Eine Kulturkuriosität ist ein historisches oder zeitgemäßes Zeugnis menschlicher Geschichte, Kultur und Entwicklung, die die Orientierung beständig positionsrelevant unterstützt. Positionsrelevant sind einzelne Objekte oder Ensembles. Dazu zählen: Antennen (Sendemasten), Bildstöcke, Gedenktafeln, Gräber (Friedhöfe, Dolmen), Hochspannungsmaste, Kreuze (Wegekreuze), Kulturdenkmäler, Orientierungstafeln, Skulpturen, Sportplätze, Steinbrüche, Stollen, Wassertretanlagen (Kneippanlagen) usw. (siehe Appendix A.2).
LK	Während der Navigation sind Wegpunkte (Waypoints) an markanten Linkskurven oder Linkskehren hilfreich, um Anhaltspunkte für den Verlauf der Wegstrecke auf der Geräteanzeige (Display) eines GNSS-Empfängers[*] zu erhalten. Der Standardkommentar bezieht sich auf die erste Passage.

NT	Eine Naturkuriosität ist ein dominierendes natürlich entstandenes Landschaftselement, die die Orientierung beständig positionsrelevant unterstützt. Positionsrelevant sind einzeln stehende oder vorkommende Gebilde. Dazu zählen: Dolinen (Einsturztrichter im Karst), Felsformationen, Grotten, Höhlen (Tropfsteinhöhlen), Naturdenkmäler, Wasserfälle, usw. (siehe Appendix A.2).
PM	Eine Position mit Rundumsicht oder ein Aussichtspunkt mit sektoraler Sicht auf die umliegende Landschaft wird als Panorama gekennzeichnet.
PL	Platz dient entweder als Positionsmerkmal oder weist auf eine schwer überschaubare Verzweigungsfläche hin.
QL	Kennzeichnung für Positionen mit einer Quelle oder einem Brunnen.
RK	Während der Navigation sind <u>Wegpunkte</u> (Waypoints) an markanten Rechtskurven oder Rechtskehren hilfreich, um Anhaltspunkte für den Verlauf der Wegstrecke auf der Geräteanzeige (Display) eines GNSS-Empfängers[*] zu erhalten. Der Standardkommentar bezieht sich auf die erste Passage.
RP	Die Mindestausstattung eines Rastplatzes besteht aus Sitzgelegenheiten und einem Tisch. Dazu zählen: Picknickplätze, Grillplätze, Sitzgruppen, usw. Isoliert stehende (Ruhe-) Bänke werden nicht berücksichtigt.
RN	Ruinen sind Überreste zerfallener Bauwerke.
SH	Eine Schutzhütte ist ein festes Gebäude oder eine Hütte, die vor Unwetter schützt. Sie ist nicht bewirtschaftet. Dazu zählen: Berghütten, Unterstände, Zufluchtsstätten, usw.
SM	Standortmarkierungen sind markante, künstlich geschaffene Positionserkennungsmerkmale. Dazu zählen: Anfahrpunkte für Rettungsfahrzeuge, Bannsteine, Baustumpfskulpturen, Findlinge mit Standortbezeichnung, geografische Vermessungspunkte, Grenzsteine, Standorttafeln, Steinmänner (Steinmännchen, Steinmandln), Trigonometrische Bodenpunkte, usw.

5.6.3 INDIVIDUELLER KOMMENTAR

Mit einem individuellen Kommentar wird eine beliebige Zeichenfolge festgelegt, die sich aus Großbuchstaben, Ziffern oder Leerzeichen zusammensetzt. Ein Leerzeichen separiert autarke Kommentarteile und darf weder am Anfang noch am Ende eines individuellen Kommentars notiert werden. Bei der Vergabe eines individuellen Kommentars ist eine eindeutige Interpretation sicherzustellen und eine Übereinstimmung mit dem <u>Vokabular der Himmelsrichtungen</u> und dem <u>Vokabular der Standardkommentare</u> zu vermeiden.

> **ZAUN**   **PIZ BUIN**

Spezielle Abkürzungen lassen sich leichter von dem Vokabular der Standardkommentare unterscheiden, wenn sie sich aus einer ungeraden Anzahl an Zeichen zusammensetzen (siehe Appendix A.3).

> **WPN**

Um die syntaktische Interpretation eines individuellen Kommentars zu vereinfachen, sollten Positionen mit ähnlichen Attributen zu einer Gruppe zusammengefasst werden. Bei einer Gruppe handelt es sich zum Beispiel um Gipfel oder Burgen. Einer Gruppe wird ein eindeutiges Kürzel bestehend aus einem oder mehreren Großbuchstaben als Gruppenname zugeordnet. Der Buchstabe „G" könnte zum Beispiel als Gruppenname für „Gipfel" stehen. Die Notation eines individuellen Kommentars mit Gruppennamen wird mit dem Gruppennamen als Präfix eingeleitet und mit einem Leerzeichen von der eigentlichen Bezeichnung getrennt.

> **G EIGER**

Die Interpretation wird erleichtert, wenn sich als Gruppenname ein Standardkommentar verwenden lässt.

> **GH KRUG**

5.6.4 KOMMENTARSEQUENZ

Ein Kommentar (K) kann als Kommentarsequenz formuliert werden. Bei einer Kommentarsequenz werden das Vokabular der Standardkommentare beziehungsweise eine Standardkommentarsequenz, das Vokabular der Himmelsrichtungen oder individuelle Kommentare gemischt notiert und mit einem Pluszeichen voneinander getrennt. Das Vokabular der Standardkommentare wird vor dem Vokabular der Himmelsrichtungen platziert. Individuelle Kommentare schließen eine Kommentarsequenz ab.

GH+SW		NO+BACH

5.7 VOKABULAR DER VARIANTENARTEN

Das Verfahren unterscheidet zwischen aktuellen, historischen und individuellen Varianten. Aktuelle Varianten folgen den derzeitigen alternativen Wegstrecken. Historische Varianten entsprechen ehemaligen alternativen Wegstrecken und bei individuellen Varianten wird eine gegebene Wegstrecke persönlichen Kriterien angepasst. Um den Anfang einer alternativen Wegstrecke zu typisieren und das Ende zu kennzeichnen, steht das folgende Vokabular der Variantenarten (V) zur Verfügung:

```
Variantenart (V) := {
                     Anfang aktuelle Variante      = X,
                     Anfang historische Variante   = H,
                     Anfang individuelle Variante  = I,
                     Ende einer Variante           = E
                     }
```

5.8 VARIANTENNUMMER

Existieren mehrere protokollierte alternative Wegstrecken, dann können verfahrensbedingt identische lokale Positionsnamen auftreten. Mit einer Variantennummer (Z) werden die lokalen Positionsnamen den alternativen Wegstrecken eindeutig zugeordnet. Eine Variantennummer (Z) ist numerisch (natürliche Zahl) und ein Zeichen lang. Sie wird beginnend mit einer Eins aufsteigend bis neun durchnummeriert und tritt ausschließlich als Präfix einer Positionssequenznummer (N) einer Variante auf.

$$1 <= Z <= 9$$

Eine ein Zeichen lange Variantennummer (Z) erleichtert die Interpretation, weil sie sich von einer mindestens zwei Zeichen langen Positionssequenznummer (N) am Anfang eines kursrelevanten lokalen Positionsnamens der repräsentativen Wegstrecke prägnant unterscheidet. Ferner wird durch die Limitierung der Variantennummer (Z) die Praxistauglichkeit des Verfahrens begünstigt. Komplexe Anwendungen, die eine größere als die maximal zulässige Variantennummer (Z) erfordern, werden mit mehreren Wegpunktesätzen (Sets of Waypoints) dokumentiert.

5.9   BASISSPEZIFIKATION

Mit dem Vokabular der Basisspezifikationen (*B*) wird der Ausgangs- und Endpunkt einer Wegstrecke festgelegt.

Syntax: | **N-B±K** |

Bei der Notation wird zwischen die Positionssequenznummer (*N*) und das Vokabular der Basisspezifikationen (*B*) ein Minuszeichen als Trennzeichen gesetzt. Die Basisspezifikation kann mit einem Kommentar (*K*) ergänzt werden. Ein Kommentar (*K*) wird mit dem Pluszeichen als Trennzeichen eingeleitet.

Die Positionssequenznummer '00' ist dem Ausgangspunkt der Wegstrecke einer Originalwanderung fest zugeordnet (⚠).

00-AP

Die Basisspezifikation für den Endpunkt „EP" wird bei Streckenwanderungen[*] benutzt. Sie entfällt bei Zielwanderungen[*] und Rundwanderungen[*], da deren Endpunkt definitionsgemäß mit dem Ausgangspunkt identisch ist.

43-EP

Damit am Ausgangspunkt die einzuschlagende Wanderrichtung für die Originalwanderung gezielt bestimmt werden kann, sollte die Basisspezifikation für den Ausgangspunkt „AP" immer mit dem zutreffenden Vokabular der Himmelsrichtungen notiert werden.

00-AP+NO

Das Vokabular der Standardkommentare oder ein individueller Kommentar werden verwendet, wenn sich damit die Interpretation im Gelände optimieren lässt.

5.10   VERZWEIGUNGSTYP

An einem Verzweigungstyp treffen mindestens zwei reale Streckentypen zusammen. Das Vokabular der Verzweigungstypen (X) dokumentiert die strukturelle Eigenschaft einer Verzweigung und das Vokabular der Elementarrichtungen (R) legt, gegebenenfalls in Kombination mit einer Abbiegungsnummer (A), den realen Streckentyp fest, auf dem die Wanderung fortgesetzt wird.

Syntax: N-XR͟A

Die Notation wird mit einer Positionssequenznummer (N) und einem Minuszeichen als Trennzeichen eingeleitet. Dahinter wird das zutreffende Vokabular der Verzweigungstypen (X) mit dem zutreffenden Vokabular der Elementarrichtungen (R) notiert. Bei einem Umkehrpunkt ist ausschließlich die Elementarrichtung „Z" zulässig und folglich ist bei der Anwendung zu beachten, dass die Positionssequenznummer (N) rückwärts gezählt wird, bis der bidirektionale Wegstreckenabschnitt endet.

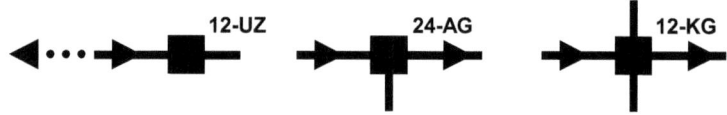

Bei einer asymmetrischen Kreuzung* oder einer Wegspinne werden die Elementarrichtungen „R" und „L" mit einer Abbiegungsnummer (A) bündig ergänzt. Der Zählmodus stellt eine eindeutige Zuordnung des weiterführenden realen Streckentyps sicher. Bei einer asymmetrischen Kreuzung* nimmt die Abbiegungsnummer (A) maximal den Wert drei an. Die Elementarrichtung „G" ist bei einer asymmetrischen Kreuzung* unzulässig und bei einer Wegspinne nur dann erlaubt, wenn sich damit der weiterführende reale Streckentyp unmissverständlich bestimmen lässt (siehe Appendix A.4).

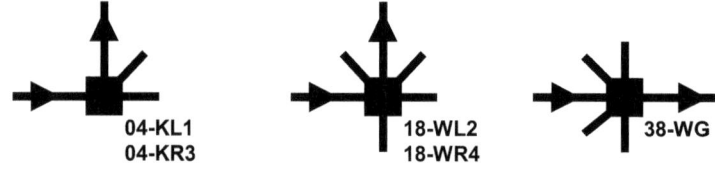

Bei der Bestimmung und der Interpretation der Abbiegungsnummer (A) ist darauf zu achten, dass erkennbare temporäre Streckentypen, private Streckentypen oder überflüssige Abkürzungen unberücksichtigt bleiben.

5.11   VERZWEIGUNGSTYP MIT RICHTUNGSSEQUENZ

Wenn sich Verzweigungen aus realen Streckentypen zusammensetzen und in Sichtweite hintereinander liegen, dann kann das Vokabular der Elementarrichtungen (R) unmittelbar als Richtungssequenz gekettet werden.

Syntax: | $N\text{-}XR_1\underline{A}_1R_2\underline{A}_2R_3\underline{A}_3 \ldots R_n\underline{A}_n$ |

Die Notation eines Verzweigungstyps mit Richtungssequenz wird wie ein Verzweigungstyp für die initiierende Verzweigung eingeleitet. Hinter dem Vokabular der Elementarrichtungen (R) der initiierenden Verzweigung wird das Vokabular der Elementarrichtungen (R) der sich anschließenden Verzweigungen in ihrer Reihenfolge bündig notiert. Bei asymmetrischen Kreuzungen[*] und bei Wegspinnen sind die Elementarrichtungen „R" und „L" mit einer Abbiegungsnummer (A) zu ergänzen. Die strukturellen Eigenschaften der sich anschließenden Verzweigungen werden nicht dokumentiert ($\triangle$).

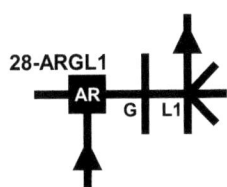

28-ARGL1

Ein Wegpunkt (Waypoint) wird ausschließlich für die initiierende Verzweigung gesetzt. Eine Kettung sollte abgeschlossen werden, sobald die Entfernung zur initiierenden Verzweigung ausreicht einen neuen kursrelevanten lokalen Positionsnamen auf der Geräteanzeige (Display) problemlos darzustellen. Die Notation eines Verzweigungstyps mit Richtungssequenz eignet sich zur Protokollierung von versetzten Kreuzungen[*].

5.12   PEILPUNKT

Wenn im Gelände zwei aufeinander folgende kursrelevante Positionen eine größere Distanz voneinander haben, dann können dazwischen Peilpunkte gesetzt werden. Ein Peilpunkt unterstützt die Navigation und liefert auf der Geräteanzeige (Display) eines GNSS-Empfängers[*] ein Anhaltspunkt für den weiteren Verlauf der Wegstrecke.

Syntax: | N |

Die Notation eines Peilpunktes entspricht der zu vergebenden Positionssequenznummer (N).

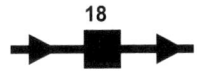

5.13 ATTRAKTION

Attraktionen liegen auf der Wegstrecke und unterstützen sowohl die Navigation als auch die Positionsbestimmung. Für die Positionsbestimmung sind zum Beispiel Schutzhütten, Brunnen, Felsen, Gipfel, Aussichtpunkte oder Höhenangaben eines Höhenpunktes nützlich. Zu den navigationsrelevanten Attraktionen zählen trigonometrische Bodenpunkte, das <u>Vokabular der Himmelsrichtungen</u> oder Kurswinkel. Mit dem Vokabular der Himmelsrichtungen oder den Kurswinkel lassen sich Positionen mit drastischen Richtungsänderungen präzisieren. Höhenangaben bis 360 m ü. NN sind explizit zu kennzeichnen, um Verwechslungen mit Kurswinkeln zu vermeiden ($\triangle$).

Syntax: | $N+K$ |

Die Notation einer Attraktion beginnt mit einer <u>Positionssequenznummer</u> (N), gefolgt von einem Pluszeichen als Trennzeichen und einem <u>Kommentar</u> (K). Der Kommentar (K) bezeichnet ein oder mehrere Attribute einer Attraktion. Attraktionen können als <u>Peilpunkte</u> mit Kommentar (K) aufgefasst werden.

Das <u>Vokabular der Standardkommentare</u> beziehungsweise eine Standardkommentarsequenz und das Vokabular der Himmelsrichtungen werden entsprechend den syntaktischen Vorschriften angewendet (siehe Appendix A.5).

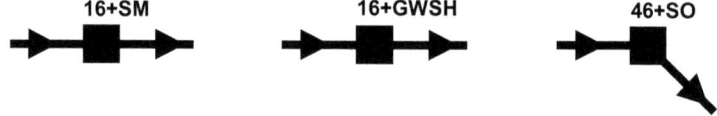

Eine Attraktion kann als Kommentar (K) mit Gruppennamen oder als <u>Kommentarsequenz</u> protokolliert werden.

Bei der Vergabe eines individuellen Kommentars ist es empfehlenswert, keine Zeichenfolge zu wählen, die versehentlich als Verzweigungstyp interpretiert werden könnte (z. B. KR). Wenn ein vollständiger Positionsname durch die Quantität an zutreffenden Attributen die Lesbarkeit auf der Geräteanzeige (Display) merklich einschränkt, dann sollten bei einer reduzierten Notation die Attribute, die der Navigation dienen, denen, die die Positionsbestimmung unterstützen, vorgezogen werden, um die Orientierung im Gelände zu erleichtern. Die Anwendung der Basisrestriktionen limitiert einen Kommentar (K) auf maximal 7 Zeichen. Dominiert an einer Verzweigung eine Attraktion und die maximale Zeichenanzahl reicht für eine vollständige Notation nicht aus, dann kann eine Verzweigung mit einer Attraktion belegt und in Kombination mit einem Peilpunkt verwendet werden. Sofern sich in angemessener Distanz hinter der Verzweigung nicht bereits ein lokaler Positionsname befindet, dann wird ein Peilpunkt gesetzt, der auf die weitere Wanderrichtung hinweist. Eine dominierende Attraktion wird immer als individueller Kommentar notiert. Eine Kommentarsequenz ist unzulässig (⚠).

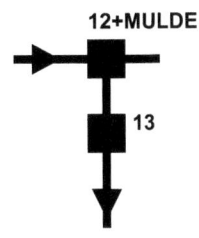

Prinzipiell kann die syntaktische Konstruktion einer dominierenden Attraktion auch standardmäßig verwendet werden.

5.14 ATTRAKTION ABSEITS DER WEGSTRECKE

Attraktionen abseits der Wegstrecke bieten zusätzliche Gestaltungsmöglichkeiten, dienen Aspekten der Sicherheit oder helfen bei der Orientierung. Dazu zählen Unterstände, die bei Wetterwechsel aufgesucht werden können, Quellen, um sich mit Trinkwasser zu versorgen, Sehenswürdigkeiten, die einen kleinen Umweg wert sind, oder Höhenpunkte, um den Höhenmesser zu justieren.

Syntax: +K

Die Notation einer Attraktion abseits der Wegstrecke beginnt mit einem Pluszeichen, dem ein Kommentar (K) bündig hinzugefügt wird. Der Kommentar (K) bezeichnet eine oder mehrere Attribute einer Attraktion abseits der Wegstrecke. Da eine Positionssequenznummer (N) entfällt, ist generell auf die Eindeutigkeit der gewählten lokalen Positionsnamen zu achten (⚠).

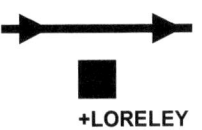

Für eine einheitliche und vereinfachte Interpretation ist es zweckmäßig, das Vokabular der Standardkommentare zu verwenden. Treten bei der Wegstreckenprotokollierung identische Standardkommentare oder identische Standardkommentarsequenzen auf, dann werden sie in Wanderrichtung durchnummeriert. Hinter den Standardkommentar oder die Standardkommentarsequenz wird ein Zähler beginnend mit „1" bündig notiert.

Eine Attraktion abseits der Wegstrecke kann auch als Kommentar (*K*) mit Gruppenname oder als Kommentarsequenz protokolliert werden.

Identische Notationen werden wie bei den Standardkommentaren in Wanderrichtung durchnummeriert und mit einem Zähler beginnend mit „1" bündig ergänzt.
Die Anwendung der Basisrestriktionen limitiert den Kommentar (*K*) auf maximal 9 Zeichen.

5.15   REPETIERTYP

Ein Repetiertyp wird verwendet, wenn während einer Wanderung dieselbe Verzweigung mehr als einmal erreicht wird.

Syntax: $N\text{-}X\underline{R}_{1.1}\underline{A}_{1.1}...\underline{R}_{1.m}\underline{A}_{1.m}\text{-}R_{2.1}A_{2.1}...\underline{R}_{2.n}\underline{A}_{2.n}...\text{-}\underline{R}_{z.1}\underline{A}_{z.1}...\underline{R}_{z.p}\underline{A}_{z.p}$

Die Notation an einem Repetiertyp stimmt für die erste Passage mit der eines Verzweigungstyps oder eines Verzweigungstyps mit Richtungssequenz überein. Die strukturelle Eigenschaft einer Verzweigung ist für jede Passage identisch und wird deshalb nur bei der ersten Passage notiert. Jede weitere Passage wird mit einem Minuszeichen als Trennzeichen eingeleitet und mit dem zutreffenden Vokabular der Elementarrichtungen (*R*) ergänzt.

Das Vokabular der Elementarrichtungen (R) kann bei jeder Passage als Richtungssequenz gekettet werden. Bei asymmetrischen Kreuzungen* und bei Wegspinnen sind die Elementarrichtungen „R" und „L" mit einer Abbiegungsnummer (A) zu vervollständigen. Die Notationsreihenfolge muss mit der Passagenreihenfolge übereinstimmen.

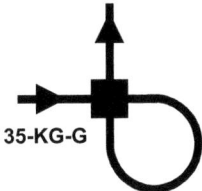

Die Positionssequenznummer (N) wird an einem Repetiertyp für die erste Passage vergeben. Daher weist sie beim erneuten Erreichen strukturbedingt einen Sprung auf und ist entweder identisch oder kleiner als die Positionssequenznummer (N) der originären Zählfolge. Die Positionssequenznummer (N) der originären Zählfolge wird auf dem nächsten noch nicht genutzten

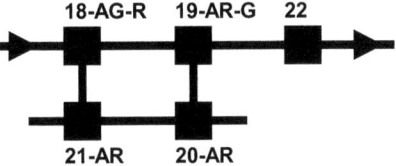

Wegstreckenabschnitt standardmäßig weitergezählt. Wird im Anschluss ein Wegstreckenabschnitt erneut genutzt, dann ist die bereits vorhandene Zählfolge bei der Navigation zu berücksichtigen.

Auf bidirektionalen Wegstreckenabschnitten ist bei der Anwendung zu beachten, dass die Positionssequenznummer (N) bei der zweiten Passage rückwärts gezählt wird, bis die originäre Zählfolge fortgesetzt oder das Ende der Originalwanderung erreicht wird.

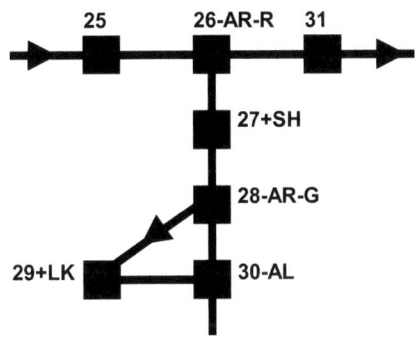

Wird ein Umkehrpunkt als Repetiertyp belegt, dann ist die Position bei der ersten Passage als solcher zu verwenden.

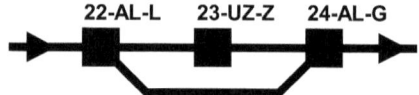

Wird ein Umkehrpunkt bei einer weiteren Passage nicht als solcher genutzt und somit nicht in umgekehrter Wanderrichtung verlassen, dann ist für den weiterführenden und erneut in derselben Wanderrichtung genutzten realen Streckentyp die Elementarrichtung „G" erlaubt.
Verzweigungen, die bei der zweiten und weiteren Passagen dicht vor der repetierend genutzten Verzweigung liegen, werden nicht notiert. Die passagenbezogene Notation wird immer ausgehend von der repetierend genutzten Verzweigung interpretiert.

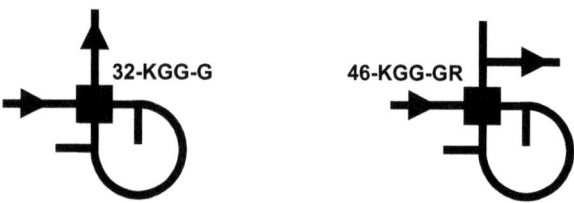

Dies trifft auf einer bidirektionalen Wegstrecke immer für die zweite Passage zu, wenn eine repetierend genutzte Verzweigung mit einer Richtungssequenz belegt ist.

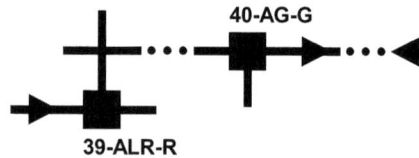

Liegen auf einem bidirektionalen Wegstreckenabschnitt zwei markierte repetierend genutzte Verzweigungen in Sichtweite hintereinander, zwischen denen sich eine oder mehrere dicht beieinanderliegende Verzweigungen befinden, dann werden die Richtungssequenzen in Wanderrichtung bei den kursrelevanten Passagen notiert.

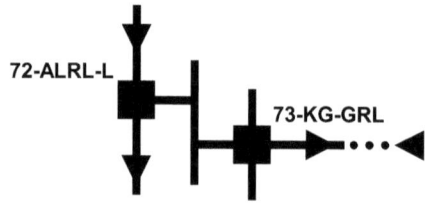

Führt eine Wegstrecke dicht an einer bereits markierten Verzweigung entlang, sodass ein separater Wegpunkt (Waypoint) auf der Geräteanzeige (Display) eines GNSS-Empfängers[*] die Übersichtlichkeit einschränkt oder die Handhabung erschwert, dann wird die bereits markierte Verzweigung als Repetiertyp verwendet.

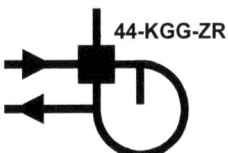

Die Basisrestriktionen unterstützen aufgrund der restriktiven Länge der Positionsnamen an Abzweigungen und Kreuzungen maximal drei Passagen. Bei asymmetrischen Kreuzungen[*] und Wegspinnen geben die Elementarrichtungen „R" und „L" den Zählmodus für die realen Streckentypen an. Sind die initialen Zählmodi bei allen betroffenen Passagen identisch und die Anzahl der zur Verfügung stehenden Zeichen reicht aufgrund der restriktiven Länge der Positionsnamen für eine vollständige Notation nicht aus, dann können die initialen Elementarrichtungen „R" oder „L" hinter dem ersten initialen Zählmodus passagenübergreifend entfallen. Infolgedessen ist bei der Interpretation der erste initiale Zählmodus an allen mit einer Abbiegungsnummer (A) beginnenden Passagen anzuwenden.

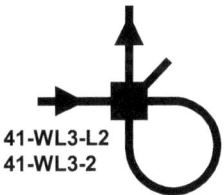

Damit lassen sich an Repetiertypen elegant komplexe Streckenführungen mit drei Passagen realisieren (siehe Appendix A.6).

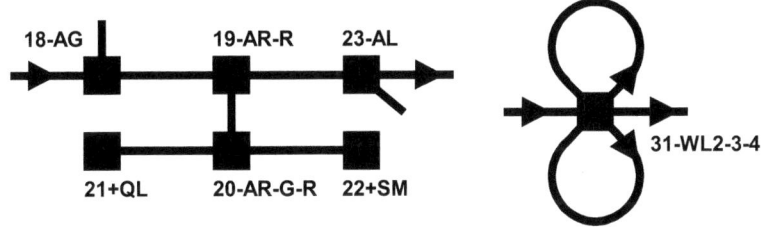

Die Vereinheitlichung der initialen Zählmodi kann auch standardmäßig verwendet werden, wenn dadurch die Interpretation erleichtert wird. Zielwanderungen[*] nutzen definitionsgemäß für den Rückweg dieselbe Wegstrecke in umgekehrter Wanderrichtung und somit sind alle Verzweigungen bereits mit zwei Passagen belegt. Mit Hilfe der dritten Passage können Wegstreckenabschnitte, die sich auf dem Hin- und Rückweg unterscheiden, flexibel umgesetzt werden.

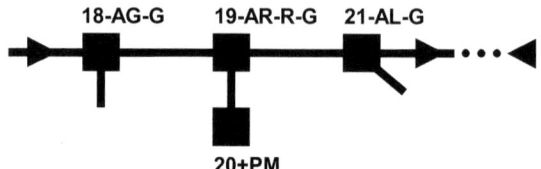

Lässt sich aufgrund der Basisrestriktionen ein Repetiertyp nicht vollständig formulieren oder eine exakte Navigation kann nicht gewährleistet werden, dann wird nur die Positionssequenznummer (N), das Trennzeichen und das zutreffende Vokabular der Verzweigungstypen (X) notiert. Diese Anwendung setzt solide Kenntnisse[*] der Wegstrecke voraus und wird durch folgende Konstellationen provoziert:

- Ein Repetiertyp wird mit mehr als drei Passagen belegt.

- Die weiterführenden Wegstrecken erfordern den Einsatz von Richtungssequenzen.

- An asymmetrischen Kreuzungen[*] und Wegspinnen lassen sich die initialen Zählmodi der realen Streckentypen nicht eindeutig vereinheitlichen.

- Die Navigation wird mit Peilpunkten sichergestellt.

- Die Lesbarkeit auf der Geräteanzeige wird zu stark eingeschränkt.

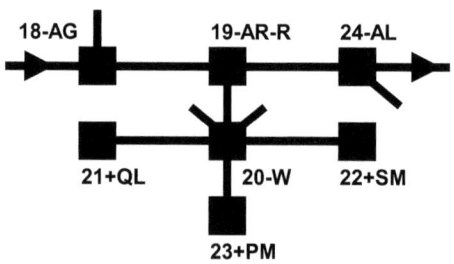

5.16 VERZWEIGUNGSTYP MIT KOMMENTAR

Befinden sich an einer Verzweigung eine oder mehrere positions-spezifische Attribute, dann können diese mit einem Kommentar (K), thematisiert werden.

Syntax:

$$N\text{-}X\underline{R}_{1.1}\underline{A}_{1.1}...\underline{R}_{1.m}\underline{A}_{1.m}\text{-}\underline{R}_{2.1}\underline{A}_{2.1}...\underline{R}_{2.n}\underline{A}_{2.n}...\text{-}\underline{R}_{z.1}\underline{A}_{z.1}...\underline{R}_{z.p}\underline{A}_{z.p}\text{+}K$$

Die Notation wird an einem Verzweigungstyp mit Kommentar wie ein Verzweigungstyp, ein Verzweigungstyp mit Richtungssequenz oder ein Repetiertyp eingeleitet. Dahinter werden ein Pluszeichen als Trennzeichen und der Kommentar (K) bündig ergänzt.

Das Vokabular der Standardkommentare beziehungsweise eine Standard-kommentarsequenz und das Vokabular der Himmelsrichtungen werden entsprechend den syntaktischen Vorschriften angewendet.

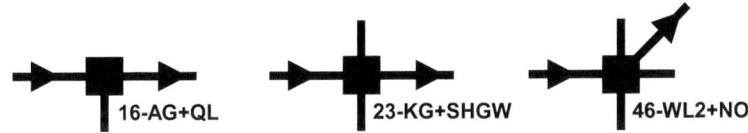

Ein Verzweigungstyp mit Kommentar kann auch mit einem Gruppen-namen oder einer Kommentarsequenz ergänzt werden.

Schwer überschaubare Verzweigungen, wie Plätze oder Verzweigungs-flächen, die sich nicht praxisgerecht dokumentieren lassen, können mit einer Richtungssequenz und dem Standardkommentar „PL" als Positions-merkmal protokolliert werden. Die strukturellen Eigenschaften von Umkehrpunkten, Abzweigungen und Kreuzungen stellen aufgrund ihrer fest definierten Anzahl an realen Streckentypen eine zuverlässige Navigation sicher. Die unbestimmte Anzahl an realen Streckentypen bei Wegspinnen wird von dem Verfahren mit einer interpretationstoleranten Protokollierung unterstützt. Eine Wegspinne kann auch ohne das Vokabular der Elementarrichtungen (R) und gegebenenfalls Abbiegungsnummern (A) notiert und unmittelbar mit dem Standardkommentar „PL" ergänzt werden. Die weitere Navigation ergibt sich entweder automatisch durch den nächsten lokalen Positionsnamen oder wird gezielt mit einem Peilpunkt in angemessener Distanz sichergestellt. Für die Anwendung sind insbesondere bei einer repetierend genutzten Verzweigung grobe Kenntnisse* der Wegstrecke empfehlenswert.

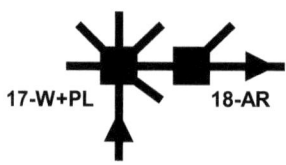

Der Standardkommentar „PL" kann mit weiteren Standardkommentaren zu einer Standardkommentarsequenz erweitert oder innerhalb einer Kommentarsequenz notiert werden.

Bei einer Richtungssequenz ist nicht erkennbar, auf welche Verzweigung sich ein positionsrelevanter Kommentar (K) bezieht. Die Positionsbestimmung wird im Gelände erleichtert, wenn die Interpretation beim Erreichen der ersten Verzweigung möglich ist. Bei einer repetierend genutzten Verzweigung sollte sich ein positionsrelevanter Kommentar (K) bei der ersten Passage bestimmen lassen. Des Weiteren ist darauf zu achten, dass diverse Standardkommentare nur dann zulässig sind, wenn der Bezug zur ersten Passage vorliegt (△).

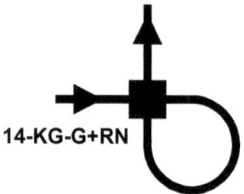

In der Praxis lässt sich die Richtungsermittlung an unübersichtlichen oder komplexen Verzweigungen mit dem Vokabular der Himmelsrichtungen oder einem Kurswinkel als Kommentar (K) optimieren (siehe Appendix A.5).

Bei einem Umkehrpunkt wird das Vokabular der Himmelsrichtungen oder ein Kurswinkel für den Rückweg notiert.

Bei einer Richtungssequenz bezieht sich das Vokabular der Himmelsrichtungen oder ein Kurswinkel auf die geografische Position der letzten Verzweigung der Sequenz (△).

An einer repetierend genutzten Verzweigung wird die Notation des Vokabulars der Himmelsrichtungen oder eines Kurswinkels als Kommentar (K) immer der ersten Passage zugeordnet (△).

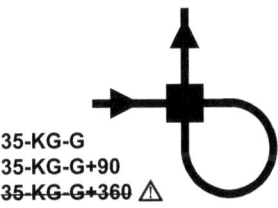

Um Irritationen möglichst auszuschließen, sollte an einer repetierend genutzten Verzweigung auf unidirektionalen Wegstreckenabschnitten auf das Vokabular der Himmelsrichtungen oder eines Kurswinkels als Kommentar (K) verzichtet werden.

Bei bidirektionalen Konstellationen, wie sie zum Beispiel bei Zielwanderungen[*] auftreten, lässt sich mit dem Vokabular der Himmelsrichtungen oder eines Kurswinkels als Kommentar (K) der Hinweg vollständig protokollieren. Die Navigation für den Rückweg ist indirekt bekannt.

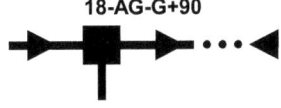

Reicht an einer Position aufgrund der Quantität an zutreffenden Attributen die maximale Zeichenanzahl für einen <u>Positionsnamen</u> nicht aus oder die

Lesbarkeit auf der Geräteanzeige (Display) wird zu stark eingeschränkt, dann sind die Attribute, die der Richtungsermittlung dienen, denen, die die Positionsbestimmung unterstützen, vorzuziehen ($\triangle$).

Die Anwendung der Basisrestriktionen limitiert einen Kommentar (K) bei Umkehrpunkten, Abzweigungen und Kreuzungen auf 4 Zeichen und bei asymmetrischen Kreuzungen[*] und Wegspinnen auf 3 Zeichen. Dies gilt für Anwendungen ohne Richtungssequenzen. Eine Wegspinne sollte spätestens als unüberschaubar eingestuft werden, wenn die Abbiegungsnummer (A) für eine eindeutige Beschreibung Werte größer neun annimmt.

An repetierend genutzten Verzweigungen sind nur zwei Passagen möglich und auf Abzweigungen und Kreuzungen ohne Richtungssequenzen beschränkt. Wird eine repetierend genutzte Verzweigung rudimentär mit einem isoliert stehenden <u>Vokabular der Verzweigungstypen</u> (X) protokolliert, dann stehen für einen Kommentar (K) maximal 5 Zeichen zur Verfügung. Die Anwendung setzt grobe Kenntnisse[*] der Wegstrecke voraus.

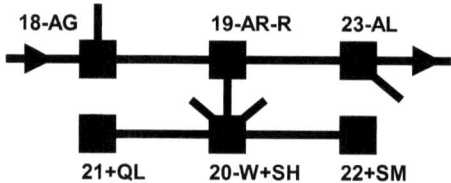

Bei Zielwanderungen[*] werden definitionsgemäß alle Verzweigungen repetierend genutzt und somit ist das Vokabular der Elementarrichtungen (R) auf dem Rückweg indirekt bekannt. Insofern kann an einer für die Navigation unkritischen repetierend genutzten Verzweigung mit zwei Passagen das Vokabular der Elementarrichtungen (R) für den Rückweg entfallen, um einen Kommentar (K) notieren zu können.

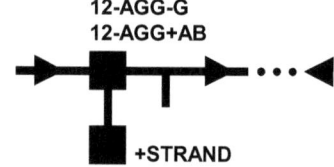

Die Einhaltung der Basisrestriktionen lässt infolgedessen lediglich eine eingeschränkte Verwendung eines Verzweigungstyps mit Kommentar zu.

5.17 VARIANTEN

Eine Wanderung lässt sich mit einer oder mehreren Varianten flexibel gestalten. Varianten beeinflussen mit ihren alternativen Wegstrecken die Länge der Wegstrecke und die Wanderzeit. Ein Anwender (Wanderer) kann zwischen mehreren Streckenführungen wählen und den Verlauf einer Wanderung seinen individuellen Anforderungen anpassen (siehe Appendix A.7). Das Verfahren stellt mit dem Variantentyp, dem rudimentären Variantenindikator und dem demonstrativen Variantenindikator drei Navigationskomponenten bereit, Varianten zu integrieren. Die mit einem Variantentyp initiierten und mit einem rudimentären Variantenindikator markierten alternativen Wegstrecken beginnen auf der Wegstrecke der Originalwanderung und werden protokolliert. Eine alternative Wegstrecke setzt sich aus individuellen Wegstrecken und repräsentativen Wegstreckenabschnitten in umgekehrter Wanderrichtung zusammen. Die individuellen Wegstrecken werden mit Positionssequenznummern (N) einer Variante protokolliert. Die Positionssequenznummern (N) einer Variante werden ausgehend von dem lokalen Positionsnamen der Originalwanderung, an der die individuelle Wegstrecke beginnt, um eins erhöht weitergezählt und zur Unterscheidung ein „V" vorangestellt. Bei der Anwendung der Basisrestriktionen kann es durch die erweiterte Positionssequenznummer (N) einer Variante vermehrt zu syntaktischen Einschränkungen kommen. Mit einem demonstrativen Variantenindikator wird lediglich auf den Beginn einer oder mehrerer potentieller individueller Wegstrecken hingewiesen.

Die Abbildung eines Wegstreckenetzes ist mit den Navigationskomponenten nicht möglich. Damit die Praxistauglichkeit des Verfahrens erhalten bleibt, sind die folgenden Konstellationen unzulässig:

- Protokollierte alternative Wegstrecken, die eine andere protokollierte alternative Wegstrecke kreuzen oder tangieren (siehe Appendix A.8).
- Protokollierte alternative Wegstrecken, die an einer protokollierten alternativen Wegstrecke enden.
- Zwei protokollierte alternative Wegstrecken, die denselben individuellen Wegstreckenabschnitt bidirektional nutzen (siehe Appendix A.9).
- Protokollierte Subvarianten[*].

Um das Verfahren nicht überzustrapazieren, sollte vor dem Anlegen einer Variante generell verifiziert werden, ob es nicht zweckmäßiger ist, anstatt einer Variante eine zweite Originalwanderung mit einem separaten Wegpunktesatz (Set of Waypoints) zu erstellen.

5.17.1 VARIANTENTYP

An einer Verzweigung der Originalwanderung kann mit einem Variantentyp auf den Beginn und das Ende einer oder mehrerer alternativer Wegstrecken hingewiesen werden. Die alternativen Wegstrecken werden mit dem Vokabular der Variantenarten (V) typisiert und die individuellen Wegstreckenabschnitte protokolliert.

Syntax:

$$N - XR_{1.1.1}A_{1.1.1}...R_{1.1.a}A_{1.1.a}$$
$$V_{1.1}R_{1.2.1}A_{1.2.1}...R_{1.2.b}A_{1.2.b}...V_{1.u}R_{1.x.1}A_{1.x.1}...R_{1.x.c}A_{1.x.c}$$
$$- R_{2.1.1}A_{2.1.1}...R_{2.1.d}A_{2.1.d}$$
$$V_{2.1}R_{2.2.1}A_{2.2.1}...R_{2.2.e}A_{2.2.e}...V_{2.v}R_{2.y.1}A_{2.y.1}...R_{2.y.f}A_{2.y.f}...$$
$$- R_{n.1.1}A_{n.1.1}...R_{n.1.g}A_{n.1.g}$$
$$V_{n.1}R_{n.2.1}A_{n.2.1}...R_{n.2.h}A_{n.2.h}...V_{n.w}R_{n.z.1}A_{n.z.1}...R_{n.z.i}A_{n.z.i}$$
$$+K$$

Die Notation eines Variantentyps wird an einer Verzweigung wie ein Verzweigungstyp oder ein Verzweigungstyp mit Richtungssequenz für die repräsentative Wegstrecke eingeleitet. Dahinter wird das zutreffende Vokabular der Variantenarten (V) und das Vokabular der Elementarrichtungen (R) für die alternative Wegstrecke bündig ergänzt. Für jede weitere alternative Wegstrecke wird die Notation mit dem zutreffenden Vokabular der Variantenarten (V) und dem entsprechenden Vokabular der Elementarrichtungen (R) erweitert. An einer repetierend genutzten Verzweigung beginnt die Notation für jede weitere Passage mit einem Minuszeichen als Trennzeichen und wird wie bei einem Repetiertyp mit der repräsentativen Wegstrecke fortgesetzt. Jede Passage kann mit dem Vokabular der Variantenarten (V) und dem Vokabular der Elementarrichtungen (R) für eine oder mehrere alternative Wegstrecken ergänzt werden. Die Notationsreihenfolge muss mit der Passagenreihenfolge übereinstimmen. Das Vokabular der Elementarrichtungen (R) kann sowohl für die repräsentative Wegstrecke als auch für die alternativen Wegstrecken als Richtungssequenz auftreten. Bei asymmetrischen Kreuzungen* und bei Wegspinnen sind die Elementarrichtungen „R" und „L" mit einer Abbiegungsnummer (A) zu vervollständigen. Die Notation eines Variantentyps kann mit einem Pluszeichen als Trennzeichen und einem Kommentar (K) abgeschlossen werden. Die Notation muss mindestens eine Variantenart aufweisen.

Ein Variantentyp wird am Beginn einer alternativen Wegstrecke stets vollständig notiert und mit der Variantenart „X", „H" oder „I" typisiert. An einem Umkehrpunkt kann maximal eine, an einer Abzweigung können maximal zwei, an einer Kreuzung maximal drei und an einer Wegspinne mehr als drei alternative Wegstrecken anfangen. Die Notationsreihenfolge mehrerer typisierter alternativer Wegstrecken, die an derselben Passage einer Verzweigung beginnen, ist beliebig.

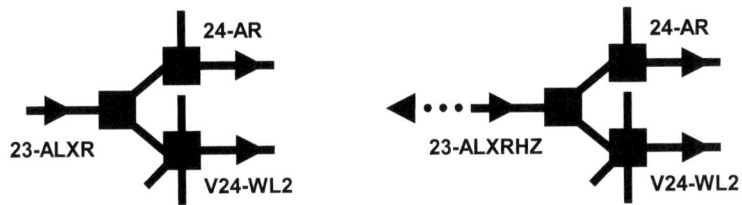

Während eine Abzweigung, Kreuzung und Wegspinne immer gleich wahrgenommen werden, kann sich ein Umkehrpunkt am Beginn einer alternativen Wegstrecke sowohl auf die repräsentative als auch auf die alternative Wegstrecke beziehen.

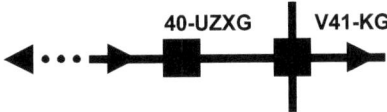

Bezieht sich ein Umkehrpunkt auf die alternative Wegstrecke, dann ist die Elementarrichtung „G" für die repräsentative Wegstrecke zulässig.

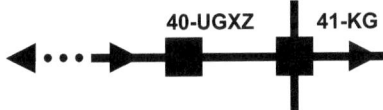

Ein Variantentyp unterstützt an jeder Passage einer repetierend genutzten Verzweigung den Beginn einer oder mehrerer alternativer Wegstrecken.

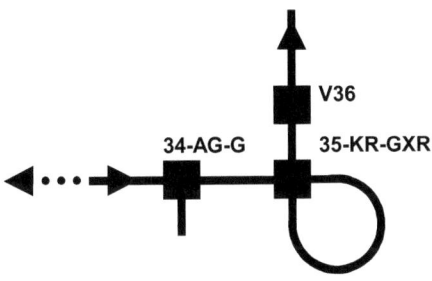

Eine mit einem Variantentyp initiierte alternative Wegstrecke kann an einer Verzweigung, an einer Basisspezifikation oder an einer Attraktion terminieren. Das Ende wird erreicht, sobald die alternative Wegstrecke wieder mit der Wegstrecke der Originalwanderung zusammentrifft und die Wanderung auf der Wegstrecke der Originalwanderung in einer durch die Originalwanderung bereits genutzten Wanderrichtung fortgesetzt wird oder das Ende der Originalwanderung erreicht wird. Wenn eine alternative Wegstrecke einen Wegstreckenabschnitt der Originalwanderung in der von der Originalwanderung bereits genutzten Wanderrichtung aufweist und der Wegstreckenabschnitt zwei benachbarte Wegpunkte (Waypoints) der Originalwanderung miteinander verbindet, dann wird sie wie zwei separate alternative Wegstrecken behandelt. Dabei ist zu berücksichtigen, dass sich diese Vorgehensweise auf die Kontinuität der alternativen Wegstrecke auswirkt.

Ein Variantentyp weist an einer Verzweigung mit der Variantenart „E" auf das Ende der alternativen Wegstrecke einer aktuellen, historischen oder individuellen Variante hin. Die Notation der Variantenart „E" ist an einer Passage nur einmal zulässig und nur dann, wenn die alternative Wegstrecke mit einem Variantentyp initiiert wurde.

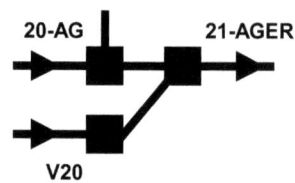

Endet eine alternative Wegstrecke an einem Umkehrpunkt, dann richtet sich die Navigation im Anschluss nach der letzten Passage der repetierend genutzten Verzweigungen der repräsentativen Wegstrecke.

Endet die alternative Wegstrecke mit einem Variantentyp an einer repetierend genutzten Verzweigung, dann wird die Variantenart „E" bei der entsprechenden Passage ergänzt.

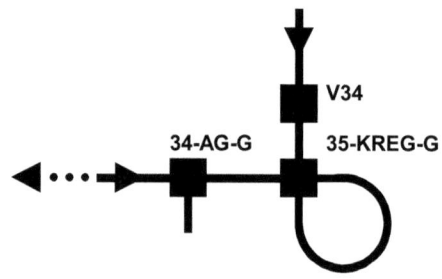

Beim Zusammentreffen einer alternativen mit der repräsentativen Wegstrecke kann bei der fortlaufenden Nummerierung zwischen dem numerischen Wert der Positionssequenznummer (*N*) einer Variante und der Positionssequenznummer (*N*) der repräsentativen Wegstrecke eine Lücke oder eine Überschneidung auftreten. Eine Lücke tritt auf, wenn die Anzahl der Wegpunkte der alternativen Wegstrecke kleiner ist als die der repräsentativen Wegstrecke, und eine Überschneidung ergibt sich, wenn die Anzahl der Wegpunkte größer ist.

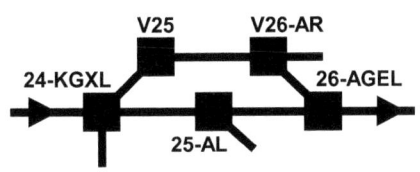

Endet die alternative Wegstrecke mit einem Variantentyp an einer Verzweigung, an der eine oder mehrere alternative Wegstrecken beginnen, dann wird die Variantenart „E" am Ende notiert. An einer repetierend genutzten Verzweigung erfolgt die Notation am Ende der betroffenen Passagen.

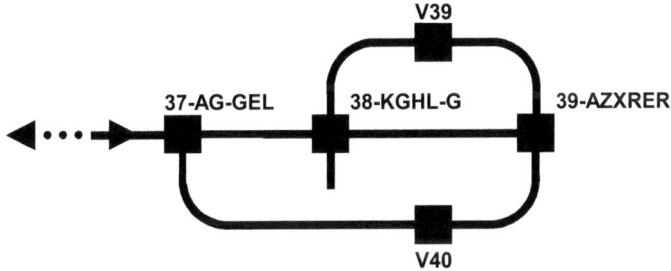

Wird die Wanderung am Ende einer alternativen Wegstrecke auf einer alternativen Wegstrecke fortgesetzt, dann ist bei der Interpretation zu beachten, dass sich das Vokabular der Elementarrichtungen (*R*) der beginnenden alternativen Wegstrecken auf die repräsentative Wegstrecke bezieht (⚠).

Enden mehrere alternative Wegstrecken an derselben Verzweigung, dann wird die Variantenart „E" ohne das Vokabular der Elementarrichtungen (*R*) und gegebenenfalls Abbiegungsnummer (*A*) oder Richtungssequenz notiert. Folglich sind grobe Kenntnisse* der Wegstrecke empfehlenswert.

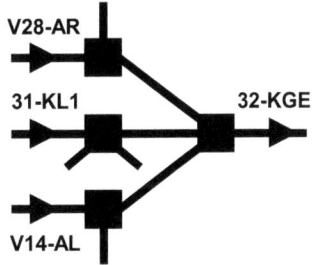

Eine derartige Konstellation kommt an einer von der Originalwanderung repetierend genutzten Verzweigung ausschließlich an Wegspinnen vor und kann sowohl an einer als auch gleichzeitig an mehreren Passagen auftreten. Für die Anwendung werden solide Kenntnisse[*] der Wegstrecke vorausgesetzt.

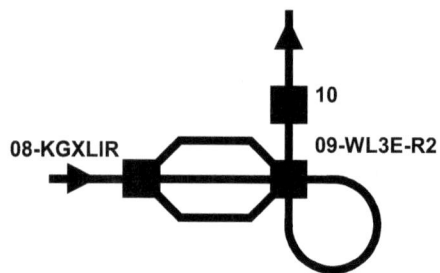

Wird eine Passage von einer alternativen Wegstrecke isoliert genutzt, dann beginnt die syntaktische Erweiterung nach dem Minuszeichen unmittelbar mit der Variantenart „E" (siehe Appendix A.10).

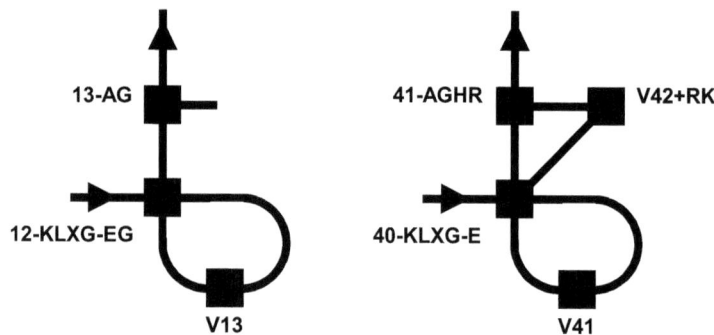

Wenn an einer repetierend genutzten Verzweigung eine alternative Wegstrecke initiiert wird, deren Ausgangs- und Endpunkt identisch sind und die weder einen individuellen Wegstreckenabschnitt aufweist noch einen Wegstreckenabschnitt der Originalwanderung in umgekehrter Wanderrichtung nutzt, dann entfällt die Notation eines Variantentyps für das Ende der alternativen Wegstrecke. Eine navigationsgerechte Notation ist immer gegeben, wenn der Variantentyp unmittelbar auf den repräsentativen Wegstreckenabschnitt verweist, der die repetierende Verzweigung nicht mehr erreicht. Dazu werden die Passagen, die ausschließlich von der repräsentativen Wegstrecke belegt sind, am Ende der Passagenfolge notiert. Eine derartige alternative Wegstrecke kann somit an jeder Passage, außer an der letzten, initiiert werden (siehe Appendix A.11).

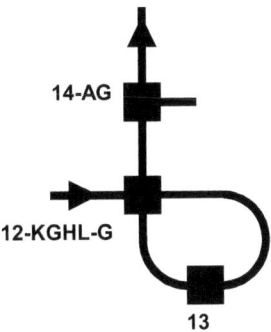

Während der Durchführung einer Variante ist zu berücksichtigen, dass die Positionssequenznummer (N) der repräsentativen Wegstrecke einen Sprung aufweist, sobald der von der alternativen Wegstrecke nicht genutzte repräsentative Wegstreckenabschnitt mit mindestens einem Wegpunkt belegt ist. Obwohl eine direkte Navigation gewährleistet wird, sind aufgrund des fehlenden Variantentyps am Ende der alternativen Wegstrecke grobe Kenntnisse[*] empfehlenswert.

Die Notation eines Variantentyps am Ende einer alternativen Wegstrecke entfällt auch dann, wenn sie an einer Basisspezifikation oder an einer Attraktion terminiert. Sofern eine Wegstrecke keine skurrilen Tendenzen[*] aufweist, wird an einer Basisspezifikation auch das Ende der Originalwanderung erreicht. Eine Belegung durch eine Attraktion setzt grobe bis solide Kenntnisse[*] der Wegstrecke voraus.

Eine Richtungssequenz erlaubt eine wegstreckenübergreifende Protokollierung. Eine wegstreckenübergreifende Protokollierung liegt vor, wenn eine alternative Wegstrecke innerhalb einer Richtungssequenz beginnt oder endet und die Richtungssequenz sowohl Abschnitte der repräsentativen als auch der alternativen Wegstrecke erfasst. Beginnt eine alternative Wegstrecke innerhalb einer Richtungssequenz, dann wird die Richtungssequenz mit der Protokollierung der repräsentativen Wegstrecke bis zu der Verzweigung, an der die alternative Wegstrecke anfängt, eingeleitet. Eine Protokollierung bis zum nächsten Wegpunkt der repräsentativen Wegstrecke ist unzulässig.

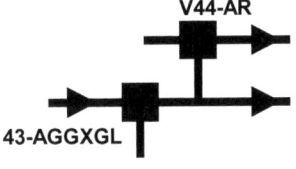

Die Anbindung an die repräsentative Wegstrecke mit einer Richtungssequenz am Ende einer mit einem Variantentyp initiierten alternativen Wegstrecke beginnt mit der Protokollierung der alternativen Wegstrecke und endet mit der repräsentativen Wegstrecke. Eine Protokollierung über einen Wegpunkt der repräsentativen Wegstrecke hinaus wird von dem Verfahren nicht unterstützt.

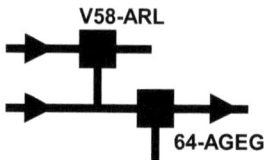

Eine mit einem Variantentyp initiierte alternative Wegstrecke kann die repräsentative Wegstrecke an einer repetierend genutzten Verzweigung kreuzen oder tangieren. Voraussetzung ist eine geordnete Passagenreihenfolge. Dabei muss an einem Kreuzungs- oder Tangentialpunkt die letzte Passage auf der alternativen Wegstrecke liegen.

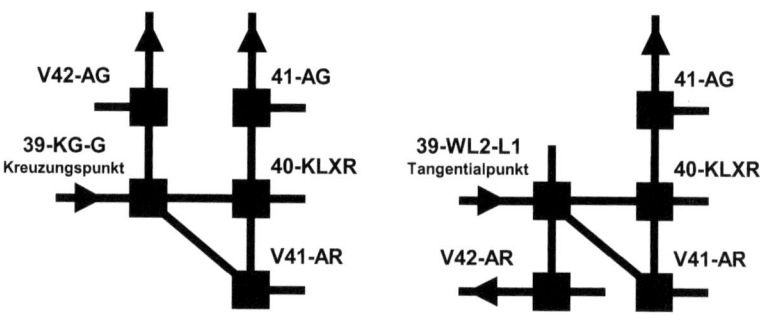

Die Positionssequenznummer (N) einer Variante wird auf dem individuellen Wegstreckenabschnitt der alternativen Wegstrecke kontinuierlich weitergezählt. Bei der Anwendung wird der numerische Wert der Positionssequenznummer (N) der repräsentativen Wegstrecke an der repetierend genutzten Verzweigung nicht interpretiert. Wird die repräsentative Wegstrecke an einer repetierend genutzten Verzweigung mit Richtungssequenz gekreuzt oder tangiert, dann kann auf dem durch die Richtungssequenz reglementierten Wegstreckenabschnitt die Wanderrichtung der repräsentativen Wegstrecke und die der alternativen Wegstrecke übereinstimmen, ohne dass die alternative Wegstrecke endet (siehe Appendix A.8).

Bidirektionale Konstellationen, bei denen ein Wegstreckenabschnitt der repräsentativen Wegstrecke von einer mit einem Variantentyp initiierten alternativen Wegstrecke in umgekehrter Wanderrichtung verwendet wird, werden mit repetierend genutzten Verzeigungen belegt. Voraussetzung ist eine geordnete Passagenreihenfolge. Dabei muss die letzte Passage auf der alternativen Wegstrecke liegen. Bei der Anwendung ist zu beachten, dass die Positionssequenznummer (N) der repräsentativen Wegstrecke rückwärts gezählt wird, bis die Notation der repetierend genutzten Verzweigungen endet und auf einen individuellen Wegstreckenabschnitt einer protokollierten alternativen Wegstrecke verwiesen wird oder bis die alternative Wegstrecke endet (siehe Appendix A.12).

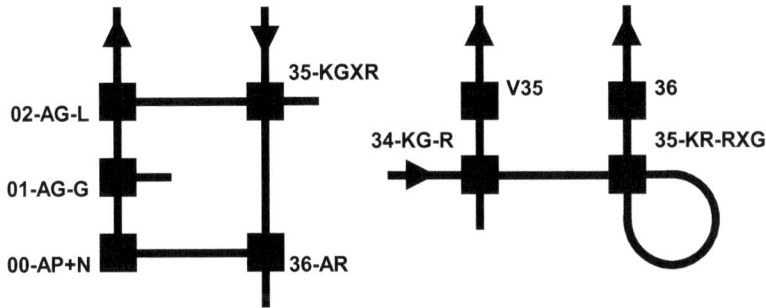

Das Verfahren unterstützt keine protokollierten alternativen Wegstrecken von Subvarianten[*]. Somit ist bei einer bidirektionalen Konstellation die Notation eines Variantentyps für den Beginn einer alternativen Wegstrecke an der letzten Passage nicht möglich ($\triangle$).

Die Notation eines Variantentyps kann gegebenenfalls mit einem Kommentar (K) ergänzt werden. Er steht immer im Bezug zur repräsentativen Wegstrecke und muss eindeutig interpretierbar sein. Wird eine alternative Wegstrecke mit einem Variantentyp initiiert, dann ist der Standardkommentar „VR" unzulässig, weil das Verfahren keine protokollierten alternativen Wegstrecken favorisiert ($\triangle$).

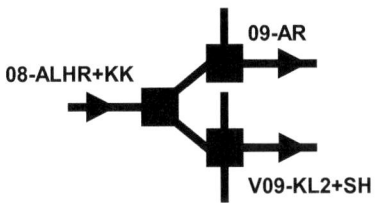

Bei der Anwendung der Basisrestriktionen kann die Sonderregelung zur Vereinheitlichung der initialen Zählmodi auch variantenübergreifend angewandt werden. Bei asymmetrischen Kreuzungen[*] und Wegspinnen geben die Elementarrichtungen „R" und „L" den Zählmodus für die realen Streckentypen an. Sind die initialen Zählmodi der repräsentativen Wegstrecke und der alternativen Wegstrecken identisch und die Anzahl der zur Verfügung stehenden Zeichen reicht für eine vollständige Notation nicht aus, dann kann die initiale Elementarrichtung „R" oder „L" für die alternativen Wegstrecken entfallen. Somit können an einer Verzweigung der repräsentativen Wegstrecke maximal zwei alternative Wegstrecken beginnen.

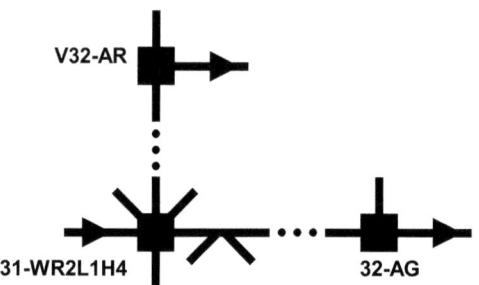

Wenn ein Variantentyp an einer repetierend genutzten Verzweigung notiert wird, dann werden maximal zwei Passagen unterstützt und es kann nur eine einzige alternative Wegstrecke an einer der beiden Passagen beginnen. Die zutreffende Passage wird mit der vollständigen syntaktischen Erweiterung ergänzt. Damit eine vollständige Notation bei Wegspinnen und asymmetrischen Kreuzungen[*] möglich ist, wird die Sonderregelung zur Vereinheitlichung der initialen Zählmodi sowohl passagen- als auch variantenübergreifend angewendet (siehe Appendix A.13).

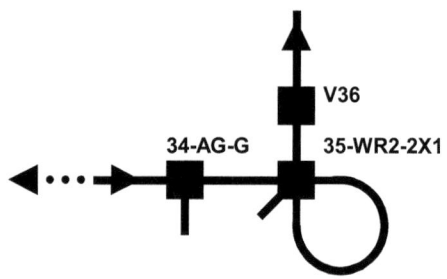

Die Vereinheitlichung der initialen Zählmodi bei Variantentypen kann auch standardmäßig verwendet werden, wenn dadurch die Interpretation erleichtert wird.

Die Notation eines Variantentyps zu Beginn einer alternativen Wegstrecke gilt auch dann als vollständig, wenn aufgrund der restriktiven Länge der Positionsnamen nicht genügend Zeichen für die Notation eines assistierenden Kommentars (*K*) zur Verfügung stehen.

In der Praxis sind bei der Anwendung der Basisrestriktionen diverse rudimentäre Strukturen zulässig, wenn das Ende der alternativen Wegstrecke mit einem Variantentyp nicht oder nicht vollständig notiert werden kann. Folglich werden grobe bis solide Kenntnisse* der Wegstrecke vorausgesetzt.

Endet eine mit einem Variantentyp initiierte alternative Wegstrecke an einer Verzweigung, an der eine alternative Wegstrecke mit einem Variantentyp beginnt, dann wird die beginnende alternative Wegstrecke vollständig notiert und die syntaktische Erweiterung der endenden alternativen Wegstrecke kann verloren gehen.

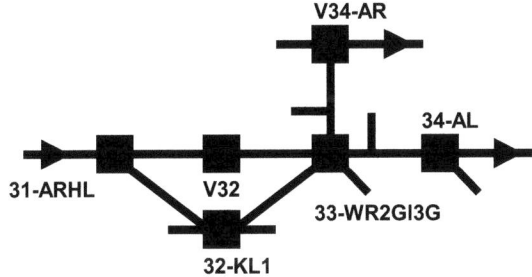

Gleiches gilt an einer repetierend genutzten Verzweigung, wenn das Ende einer mit einem Variantentyp initiierten alternativen Wegstrecke mit dem Anfang einer anderen an derselben Passage auftritt.

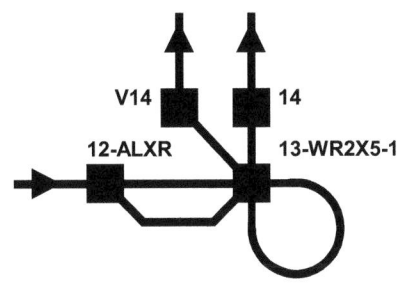

Reichen am Ende einer mit einem Variantentyp initiierten alternativen Wegstrecke die Anzahl der zur Verfügung stehenden Zeichen nicht aus, dann können das Vokabular der Elementarrichtungen (*R*) und gegebenenfalls eine Abbiegungsnummer (*A*) oder eine Richtungssequenz alleine oder zusammen mit der Variantenart „E" entfallen.

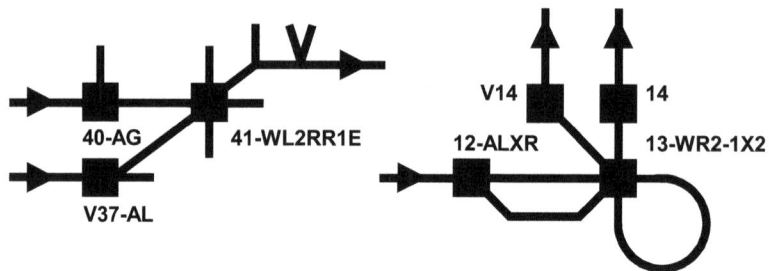

An repetierend genutzten Verzweigungen ist diese Verfahrensweise sowohl an einer als auch gleichzeitig an beiden Passagen zulässig.

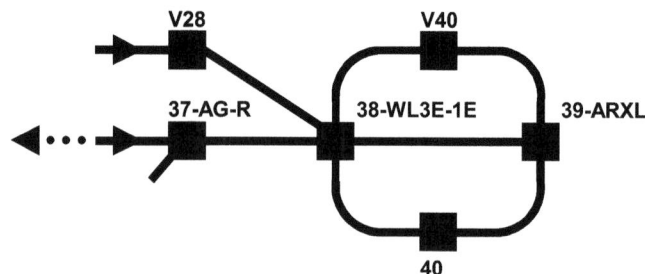

Wenn eine Passage von einer alternativen Wegstrecke isoliert belegt wird und die syntaktische Erweiterung am Ende vollständig entfällt, dann wird das einleitende Minuszeichen für die Passage ebenfalls nicht notiert.

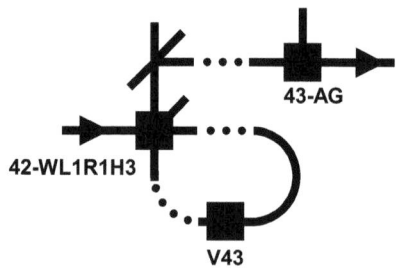

Bei einer isolierten Belegung kann die Variantenart „E" mit dem Vokabular der Elementarrichtungen (*R*) ersetzt werden, wenn dadurch an einem Wegstreckenübergang eine direkte Navigation gewährleistet wird.

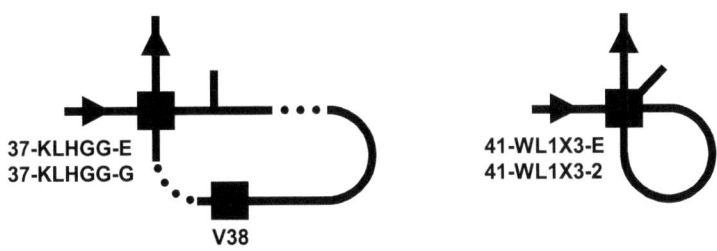

5.17.2 RUDIMENTÄRER VARIANTENINDIKATOR

Ein rudimentärer Variantenindikator markiert auf der Wegstrecke der Originalwanderung den Beginn einer oder mehrerer alternativer Wegstrecken. Die Markierung dokumentiert weder die Anzahl der beginnenden alternativen Wegstrecken noch die genutzten realen Streckentypen. Auf einen rudimentären Variantenindikator wird an einer Basisspezifikation, an einem Verzweigungstyp mit Kommentar oder an einer Attraktion mit dem Standardkommentar „VR" hingewiesen. Der Standardkommentar kann zu einer Standardkommentarsequenz erweitert oder innerhalb einer Kommentarsequenz notiert werden. An einem Umkehrpunkt kann maximal eine, an einer Abzweigung können maximal zwei, an einer Kreuzung maximal drei und an einer Wegspinne mehr als drei alternative Wegstrecken anfangen. Die einem rudimentären Variantenindikator zugeordneten individuellen Wegstrecken werden protokolliert. Damit die Wanderrichtung im Gelände abgeschätzt werden kann, ist sicherzustellen, dass auf den zugeordneten individuellen Wegstrecken mindestens ein lokaler Positionsname mit einer Positionssequenznummer (*N*) einer Variante in angemessener Distanz existiert. Die Anwendung eines rudimentären Variantenindikators setzt mindestens grobe Kenntnisse[*] der Wegstrecken voraus, weil immer indirekt navigiert werden muss. Im Folgenden wird explizit darauf hingewiesen, wenn solide Kenntnisse[*] erforderlich sind.

Mit einem rudimentären Variantenindikator kann an einer Basisspezifikation oder an einem Verzweigungstyp mit Kommentar auf einen

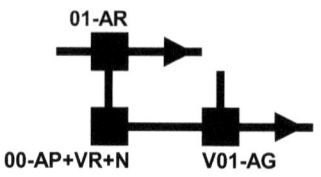

01-AR

00-AP+VR+N   **V01-AG**

individuellen Wegstreckenabschnitt hingewiesen werden. Die Basisspezifikation am Ausgangspunkt unterstützt den Standardkommentar „VR" uneingeschränkt. Die Anwendung eines rudimentären Variantenindikators am Endpunkt weist skurrile Tendenzen* auf und sollte daher generell vermieden werden.

An einem Verzweigungstyp mit Kommentar wird die indirekte Navigation nur dann gewährleistet, wenn es sich um eine nicht repetierend genutzte Verzweigung ohne Richtungssequenz handelt.

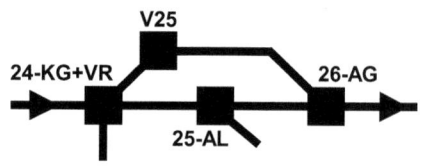

V25

24-KG+VR   **26-AG**

25-AL

Wenn der Beginn einer alternativen Wegstrecke an einem Umkehrpunkt markiert wird, dann bezieht sich der Umkehrpunkt immer auf die repräsentative Wegstrecke. Die alternative Wegstrecke wird auf dem realen Streckentyp kontinuierlich fortgesetzt.

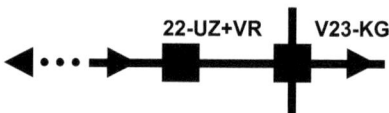

22-UZ+VR   **V23-KG**

An einer Verzweigung mit Richtungssequenz ist bei einer wegstreckenübergreifenden Protokollierung nicht ersichtlich, an welcher Verzweigung eine alternative Wegstrecke beginnt. Eine wegstreckenübergreifende Protokollierung liegt vor, wenn eine alternative Wegstrecke innerhalb einer Richtungssequenz beginnt oder endet und die Richtungssequenz sowohl Abschnitte der repräsentativen als auch der alternativen Wegstrecke erfasst. Der Verlauf der alternativen Wegstrecke ist im Gelände zu synchronisieren. Daher ist eine Protokollierung zu bevorzugen, bei der eine alternative Wegstrecke an dem gemessenen <u>Wegpunkt</u> (Waypoint) und somit an der ersten Verzweigung der Richtungssequenz anfängt. Die Synchronisation lässt sich vereinfachen, wenn auf der alternativen Wegstrecke ein Wegpunkt in angemessener Distanz existiert.

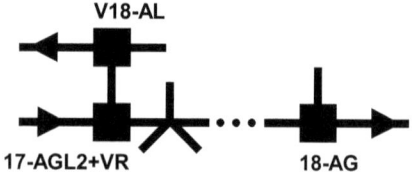

V18-AL

17-AGL2+VR   **18-AG**

An einer repetierend genutzten Verzweigung ist nicht erkennbar, an welcher Passage eine alternative Wegstrecke beginnt. Folglich sind für Anwendungen an repetierend genutzten Verzweigungen immer solide Kenntnisse* der Wegstrecke erforderlich (siehe Appendix A.14 und A.15).

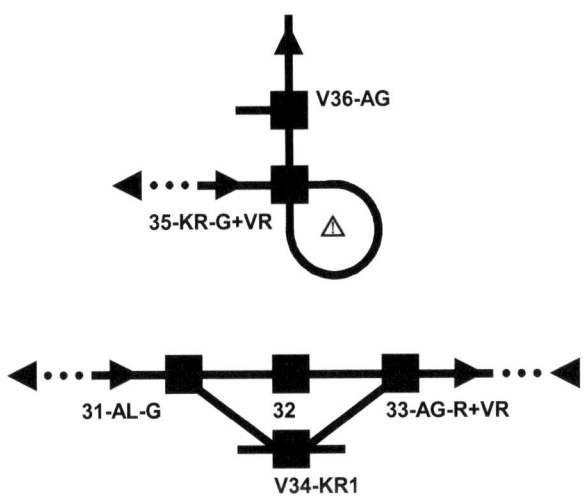

Eine mit einem rudimentären Variantenindikator markierte alternative Wegstrecke kann an einer Basisspezifikation oder an einer Verzweigung mit einem individuellen Wegstreckenabschnitt terminieren. Das Ende wird erreicht, sobald die alternative Wegstrecke wieder mit der Wegstrecke der Originalwanderung zusammentrifft und die Wanderung auf der Wegstrecke der Originalwanderung in einer durch die Originalwanderung bereits genutzten Wanderrichtung fortgesetzt wird oder das Ende der Originalwanderung erreicht wird. Wenn eine alternative Wegstrecke einen Wegstreckenabschnitt der Originalwanderung in der von der Originalwanderung bereits genutzten Wanderrichtung aufweist und der Wegstreckenabschnitt zwei benachbarte Wegpunkte der Originalwanderung miteinander verbindet, dann wird sie wie zwei separate alternative Wegstrecken behandelt. Dabei ist zu berücksichtigen, dass sich diese Vorgehensweise auf die Kontinuität der alternativen Wegstrecke auswirkt.

Endet eine alternative Wegstrecke an einer Basisspezifikation, dann wird auch das Ende der Originalwanderung erreicht, sofern die Wegstrecke keine skurrilen Tendenzen* aufweist. Eine mit einem rudimentären Variantenindikator markierte alternative Wegstrecke, die an ihrem

Ausgangspunkt endet, ist nach der ersten Nutzung bekannt und somit kann eine unbeabsichtigte Wiederholung ausgeschlossen werden.

Wird das Ende an einer Verzweigung auf einem unidirektional genutzten Wegstreckenabschnitt der Originalwanderung erreicht, dann richtet sich die Navigation im Anschluss nach dem Wegpunkt mit der inkrementierten Positionssequenznummer (N). Die Orientierung wird im Gelände erleichtert, wenn der Wegpunkt mit der inkrementierten Positionssequenznummer (N) in angemessener Distanz bereits existiert oder geschickt platziert wird. Die indirekte Navigation wird an einer nicht repetierend genutzten Verzweigung ohne Richtungssequenz uneingeschränkt unterstützt.

An einer Verzweigung mit Richtungssequenz wird nicht erkannt, an welcher Verzweigung eine alternative Wegstrecke endet. Der weitere Verlauf der Wegstrecke ist im Gelände zu synchronisieren.

Endet eine alternative Wegstrecke an einem Umkehrpunkt, dann richtet sich die Navigation im Anschluss nach der letzten Passage der repetierend genutzten Verzweigungen der repräsentativen Wegstrecke.

An einer repetierend genutzten Verzweigung ist im Gelände nicht erkennbar, auf welche Passage sich das Ende einer alternativen Wegstrecke bezieht. Es ist nicht ersichtlich, ob die repräsentative Wegstrecke an einer Kreuzung oder Wegspinne auf einem unidirektionalen Wegstreckenabschnitt fortgesetzt oder ob an einer Verzweigung ein Wegstreckenabschnitt erneut genutzt werden soll. Infolgedessen werden für derartige Anwendungen solide Kenntnisse* der Wegstrecken vorausgesetzt.

Beim Zusammentreffen einer alternativen mit der repräsentativen Wegstrecke kann bei der fortlaufenden Nummerierung zwischen dem numerischen Wert der Positionssequenznummer (N) einer Variante und der Positionssequenznummer (N) der repräsentativen Wegstrecke eine Lücke oder eine Überschneidung auftreten. Eine Lücke tritt auf, wenn die Anzahl der Wegpunkte der alternativen Wegstrecke kleiner ist als die der repräsentativen Wegstrecke, und eine Überschneidung ergibt sich, wenn die Anzahl der Wegpunkte größer ist.

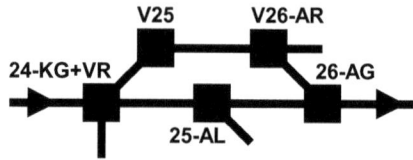

Eine mit einem rudimentären Variantenindikator markierte alternative Wegstrecke kann die repräsentative Wegstrecke an einer repetierend genutzten Verzweigung kreuzen oder tangieren. Voraussetzung ist eine geordnete Passagenreihenfolge. Dabei muss an einem Kreuzungs- oder Tangentialpunkt die letzte Passage auf der alternativen Wegstrecke liegen.

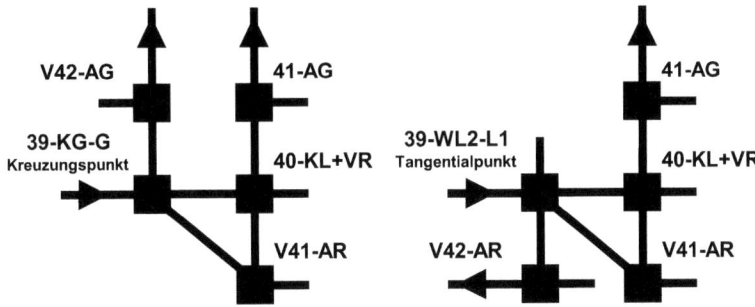

Die Positionssequenznummer (*N*) einer Variante wird auf dem individuellen Wegstreckenabschnitt der alternativen Wegstrecke kontinuierlich weitergezählt. Bei der Anwendung wird der numerische Wert der Positionssequenznummer (*N*) der repräsentativen Wegstrecke an der repetierend genutzten Verzweigung nicht interpretiert. Wird die repräsentative Wegstrecke an einer repetierend genutzten Verzweigung mit Richtungssequenz gekreuzt oder tangiert, dann kann auf dem durch die Richtungssequenz reglementierten Wegstreckenabschnitt die Wanderrichtung der repräsentativen Wegstrecke und die der alternativen Wegstrecke übereinstimmen, ohne dass die alternative Wegstrecke endet (siehe Appendix A.8).

Bidirektionale Konstellationen, bei denen ein Wegstreckenabschnitt der repräsentativen Wegstrecke von einer mit einem rudimentären Variantenindikator markierten alternativen Wegstrecke in umgekehrter Wanderrichtung verwendet wird, werden mit repetierend genutzten Verzweigungen belegt. Voraussetzung ist eine geordnete Passagenreihenfolge. Dabei muss die letzte Passage auf der alternativen Wegstrecke liegen. Bei der Anwendung ist zu beachten, dass die Positionssequenznummer (*N*) der repräsentativen Wegstrecke rückwärts gezählt wird, bis die Notation der repetierend genutzten Verzweigungen endet und auf einen individuellen Wegstreckenabschnitt einer protokollierten alternativen Wegstrecke verwiesen wird oder bis die alternative Wegstrecke endet (siehe Appendix A.12).

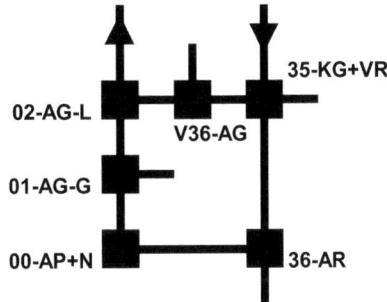

Ein individueller Wegstreckenabschnitt endet bei bidirektionalen Konstellationen immer an einer repetierend genutzten Verzweigung der Originalwanderung. Dabei ist im Gelände nicht erkennbar, ob die letzte Passage von der repräsentativen Wegstrecke oder von der alternativen Wegstrecke belegt ist. Die Anwendung erfordert somit solide Kenntnisse* der Wegstrecken. Wird mit einem rudimentären Variantenindikator an einem nicht repetierend genutzten Verzweigungstyp mit Kommentar oder an einer Attraktion auf den Beginn einer einzigen alternativen Wegstrecke hingewiesen und es existiert kein individueller Wegstreckenabschnitt mit einem adäquaten lokalen Positionsnamen mit einer Positionssequenznummer (N) einer Variante, dann wird die Wanderung auf der Wegstrecke der Originalwanderung in umgekehrter Wanderrichtung fortgesetzt. Verfahrensbedingt sind auf der Wegstrecke der Originalwanderung keine lokalen Positionsnamen mit einer Positionssequenznummer (N) einer Variante zulässig. Genügt eine mit einem rudimentären Variantenindikator markierte alternative Wegstrecke den aufgeführten Bedingungen und sie weist keine individuellen Wegstreckenabschnitte auf, dann verläuft sie auf der Wegstrecke der Originalwanderung in umgekehrter Wanderrichtung zum Ausgangspunkt zurück. Der Beginn einer alternativen Wegstrecke am Ausgangspunkt ist auf der Wegstrecke der Originalwanderung in umgekehrter Wanderrichtung nicht möglich, da keine geordnete Passagenreihenfolge vorliegt.

In der Praxis wird eine derartige bidirektionale Konstellation immer dann verwendet, wenn eine alternative Wegstrecke an einer Attraktion in umgekehrter Wanderrichtung beginnt.

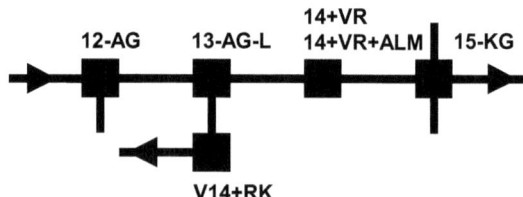

An einem repetierend genutzten Verzweigungstyp mit Kommentar kann auf den Beginn einer alternativen Wegstrecke in umgekehrter Wanderrichtung zwar geschlossen werden, es fehlt jedoch der Bezug zur Passage und somit sind solide Kenntnisse* der Wegstrecken unentbehrlich.

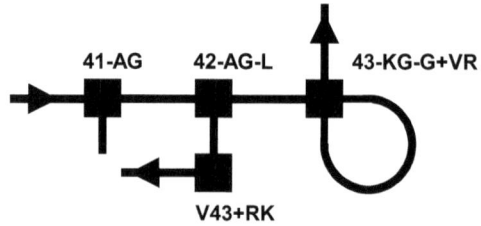

Beginnen an einer Verzweigung mehr als eine alternative Wegstrecke, wobei eine in der umgekehrten Wanderrichtung verläuft, dann lässt sich mit einem rudimentären Variantenindikator im Gelände ohne solide Kenntnisse* der Wegstrecke nicht mehr praktikabel navigieren.

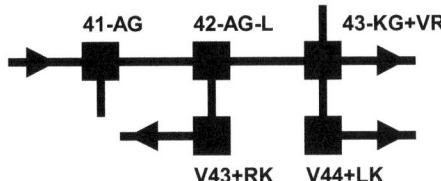

Das Verfahren unterstützt keine protokollierten Subvarianten*. Der Standardkommentar „VR" wird ausschließlich an einem lokalen Positionsnamen der Originalwanderung notiert. Bei der Interpretation ist darauf zu achten, dass sich ergänzende navigationsrelevante Informationen eines Kommentars (K) immer auf die Wegstrecke der Originalwanderung beziehen und dass dies insbesondere auf den Standardkommentar „VR" bei bidirektionalen Konstellationen zutrifft. (⚠).

Lässt sich aufgrund der Basisrestriktionen keine vollständige Notation für den Beginn eines individuellen Wegstreckenabschnittes formulieren, dann kann der Standardkommentar „VR" bei einer Basisspezifikation oder einem Verzweigungstyp mit Kommentar entfallen. Ferner ist die Belegung einer Verzweigung mit einer dominierenden Attraktion möglich. Der Anfang einer individuellen Wegstrecke wird dann nur durch die Positionssequenznummer (N) einer Variante thematisiert. Verläuft eine alternative Wegstrecke in geringer Distanz zur repräsentativen, dann treten im Gelände verstärkt Irritationen auf, weil sich der Anfang des individuellen Wegstreckenabschnittes gegebenenfalls an den folgenden Verzweigungen ebenfalls interpretieren lässt. Somit werden für Anwendungen ohne den Standardkommentar „VR" solide Kenntnisse* der Wegstrecken vorausgesetzt.

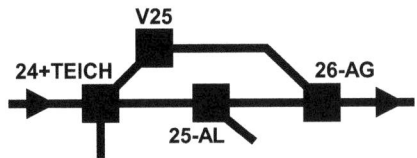

In diesen Fällen ist stets zu prüfen, ob es für den Anwender (Wanderer) nicht zweckmäßiger ist, für die alternative Wegstrecke einen separaten Wegpunktesatz (Set of Waypoints) anzulegen.

5.17.3 DEMONSTRATIVER VARIANTENINDIKATOR

Ein demonstrativer Variantenindikator markiert auf der repräsentativen Wegstrecke oder auf einer protokollierten alternativen Wegstrecke den Beginn einer oder mehrerer potentieller individueller Wegstrecken. Die potentiellen individuellen Wegstrecken werden nicht protokolliert. Auf einen demonstrativen Variantenindikator wird an einer Basisspezifikation, an einem Verzweigungstyp mit Kommentar oder an einem Variantentyp mit dem Standardkommentar „VD" hingewiesen. Der Standardkommentar kann zu einer Standardkommentarsequenz erweitert oder innerhalb einer Kommentarsequenz notiert werden. Die simultane Verwendung des Standardkommentars „VR" für einen rudimentären Variantenindikator ist zulässig.

An einem Umkehrpunkt kann maximal eine, an einer Abzweigung können maximal zwei, an einer Kreuzung maximal drei und an einer Wegspinne mehr als drei individuelle Wegstrecken anfangen. Die Markierung einer potentiellen Wegstrecke in umgekehrter Wanderrichtung ist nicht möglich. Das Ende einer mit einem demonstrativen Variantenindikator markierten potentiellen individuellen Wegstrecke wird erreicht, sobald sie wieder mit der repräsentativen Wegstrecke oder einer protokollierten alternativen Wegstrecke zusammentrifft. Funktionsbedingt sind für die Anwendung immer solide Kenntnisse* der Wegstrecke erforderlich.

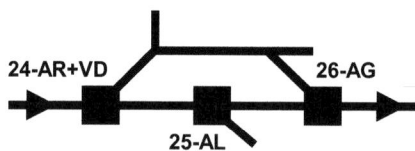

Ein demonstrativer Variantenindikator wird vorwiegend während der Wegstreckenprotokollierung (Scouting) eines neuen Wegpunktesatzes (Set of Waypoints) verwendet.

5.17.4 VARIANTENIDENTIFIKATION

Beginnen an einer Basisspezifikation oder an einer Verzweigung mehr als eine alternative Wegstrecke mit einer protokollierten individuellen Wegstrecke oder es sind wegen verschiedenen, dicht beieinander verlaufenden, individuellen Wegstrecken keine eindeutigen lokalen Positionsnamen möglich, dann wird die Variantenidentifikation zur Unterscheidung herangezogen.

Syntax:

$$ZN\text{-}\underline{XR}_{1.1}\underline{A}_{1.1}\ldots\underline{R}_{1.m}\underline{A}_{1.m}\text{-}\underline{R}_{2.1}\underline{A}_{2.1}\ldots\underline{R}_{2.n}\underline{A}_{2.n}\ldots\text{-}\underline{R}_{z.1}\underline{A}_{z.1}\ldots\underline{R}_{z.p}\underline{A}_{z.p}\text{+}\underline{K}$$

Die Notation einer Variantenidentifikation wird auf einer individuellen Wegstrecke mit einer Variantennummer (Z) und der Positionssequenznummer (N) einer Variante eingeleitet und mit der Syntax der korrespondierenden Navigationskomponente bündig ergänzt. Die Verwendung einer Basisspezifikation oder eines Variantentyps als korrespondierende Navigationskomponente und der Standardkommentar „VR" für einen rudimentären Variantenindikator sind unzulässig.

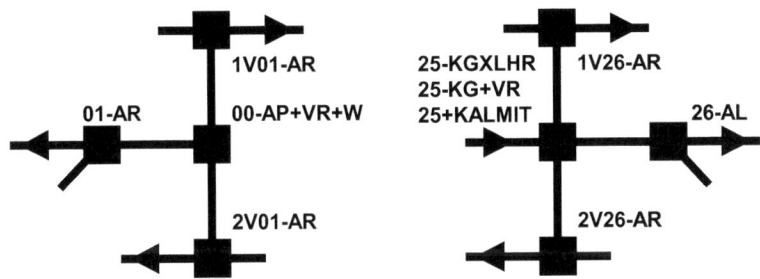

Wenn zwei protokollierte individuelle Wegstrecken dicht hintereinander liegen und die Anzahl der Wegpunkte (Waypoints) der individuellen Wegstrecke der ersten ist bis zum Beginn der individuellen Wegstrecke der zweiten größer als die der repräsentativen Wegstrecke, dann können Überschneidungen bei der Vergabe der Positionssequenznummern (N) einer Variante für die zweite auftreten. Die Variantenidentifikation stellt bei derartigen Konstellationen eine eindeutige Vergabe der Positionssequenznummern (N) einer Variante sicher.

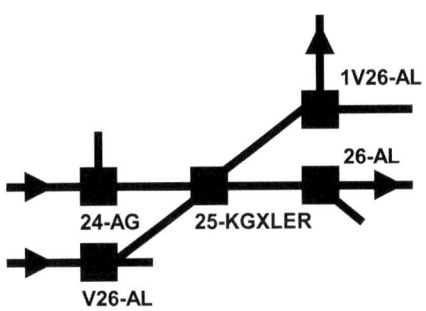

Wird eine Verzweigung mit mehr als einer gültigen Positionssequenznummer (*N*) einer Variante in akzeptabler Distanz erreicht, dann wird
bei der Anwendung eines rudimentären Variantenindikators nicht
erkannt, welche der protokollierten individuellen Wegstrecken beginnen
und welche enden. Folglich setzt die Anwendung solide Kenntnisse[*] der
individuellen Wegstrecken voraus. Derartige Irritationen lassen sich
vermeiden, wenn die endenden individuellen Westrecken mit mindestens
einem zusätzlichen Peilpunkt belegt werden (⚠).

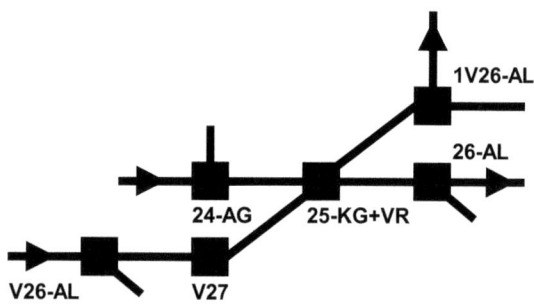

Dicht beieinander verlaufende protokollierte individuelle Wegstrecken
lassen sich im Gelände mit einer Variantenidentifikation leichter interpretieren.

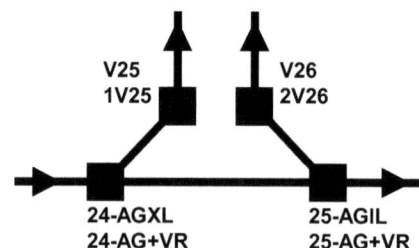

Bei der Anwendung der Basisrestriktionen kommt es durch die Variantennummer (*Z*) vermehrt zu syntaktischen Einschränkungen.

5.18   WENDEPUNKT

Ein Wendepunkt markiert auf einem bidirektional genutzten Wegstreckenabschnitt die Position, an der die Wegstrecke auf einem
terminierenden Streckentyp in umgekehrter Wanderrichtung fortgesetzt
wird und an der kein weiterführender Streckentyp existiert. Auf einen

Wendepunkt wird als Attraktion mit dem Standardkommentar „WP"
hingewiesen. Der Standardkommentar kann zu einer Standardkommentarsequenz erweitert oder innerhalb einer Kommentarsequenz notiert werden.

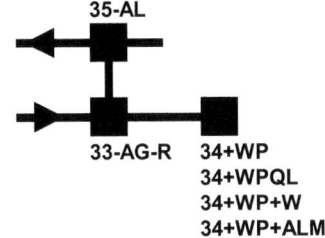

Bei der Anwendung ist zu beachten, dass die Positionssequenznummer (*N*)
rückwärts gezählt wird, bis der bidirektionale Wegstreckenabschnitt endet.
Das Vokabular der Himmelsrichtungen oder ein Kurswinkel beziehen sich
auf die umgekehrte Wanderrichtung (⚠).
Auf eine Markierung kann verzichtet werden, wenn eine Position im
Gelände zweifelsfrei als Wendepunkt erkannt wird, sodass auf die
anknüpfende umgekehrte Wanderrichtung indirekt geschlossen werden
kann, oder wenn sich ein Wendepunkt in unmittelbarer Nähe hinter
einem lokalen Positionsnamen befindet, sodass ein Wendepunkt als
separater Wegpunkt (Waypoint) auf der Geräteanzeige (Display) eines
GNSS-Empfängers[*] die Übersichtlichkeit einschränken oder die Handhabung erschweren würde. Für die Anwendung sind grobe Kenntnisse[*]
der Wegstrecke empfehlenswert.

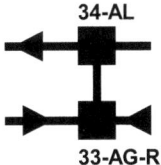

Bei der Anwendung der Basisrestriktionen kann der Standardkommentar
„WP" entfallen, wenn ein Wendepunkt mit einem 5 bis 7 Zeichen langen
positionsrelevanten individuellen Kommentar belegt wird. Folglich
werden grobe Kenntnisse[*] der Wegstrecke vorausgesetzt.

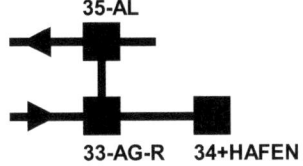

5.19   AUFFANGPUNKT

Ein Auffangpunkt liegt genuin abseits der Wegstrecke und hilft an heiklen Streckenführungen, Fehlorientierungen schnell zu korrigieren. Auf einen Auffangpunkt wird entweder an einem Verzweigungstyp mit Kommentar oder an einem Variantentyp mit dem Standardkommentar „SP" für Stopp hingewiesen oder er wird in angemessener Distanz von einer kritischen Streckenführung auf allen dominierenden inkorrekten Positionen als separater Wegpunkt (Waypoint) gesetzt.

Die Notation für einen Auffangpunkt als separater Wegpunkt orientiert sich an der Syntax einer Attraktion abseits der Wegstrecke. Sie wird mit einem Pluszeichen eingeleitet und mit dem Standardkommentar „SP" bündig ergänzt. Der Standardkommentar kann mit positionsrelevanten Merkmalen zu einer Standardkommentarsequenz erweitert oder innerhalb einer Kommentarsequenz notiert werden. Das Vokabular der Himmelsrichtungen ist unzulässig (⚠).

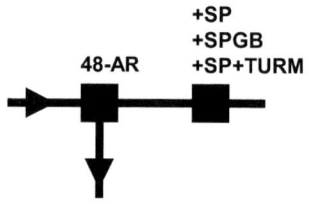

Wird während der Wanderung ein Auffangpunkt als separater Wegpunkt erreicht, dann ist zu der Position mit dem letzten korrekten lokalen Positionsnamen zurückzukehren und von dort aus die akkurate Wegstrecke einzuschlagen. Treten bei der Protokollierung einer Wegstrecke mehrere identische Notationen für Auffangpunkte als separate Wegpunkte auf, dann werden sie in Wanderrichtung durchnummeriert. Hinter dem Standardkommentar „SP" oder einer Standardkommentarsequenz wird ein Zähler beginnend mit „1" bündig notiert. Wenn die Navigation an einer Verzweigung mit mehreren Auffangpunkten sichergestellt werden muss, dann wird empfohlen, die Zählung im Uhrzeigersinn fortzusetzen.

Befindet sich die Position eines Auffangpunktes in unmittelbarer Nähe einer Verzweigung, sodass ein Auffangpunkt als separater Wegpunkt auf der Geräteanzeige (Display) eines GNSS-Empfängers[*] die Übersichtlichkeit einschränkt oder die Handhabung erschwert, dann wird ein Verzweigungstyp mit Kommentar oder ein Variantentyp mit dem Standardkommentar „SP" ergänzt, der auf die kritische Streckenführung hinweist. Der Standardkommentar kann bei dieser Anwendung ohne Einschränkung zu einer Standardkommentarsequenz erweitert oder innerhalb einer Kommentarsequenz notiert werden.

48-AR+SP
48-AR+SHSP
48-AR+SP+S

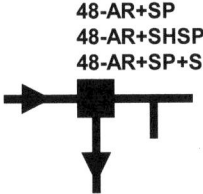

Die Notation kommt zum Beispiel an einer Verzweigung zum Einsatz, die leicht zu übersehen ist, weil eine weitere Verzweigung unmittelbar dahinter dominiert. Bei der Anwendung ist zu beachten, dass sich ein Auffangpunkt als Standardkommentar an einer repetierend genutzten Verzweigung auf die erste Passage und am Anfang oder am Ende einer alternativen Wegstrecke auf die repräsentative Wegstrecke bezieht. Bei einer Richtungssequenz fehlt der Bezug zur betroffenen Verzweigung. Somit ist eine unmissverständliche Navigation gegebenenfalls mit einem oder mehreren zusätzlichen Auffangpunkten als separate Wegpunkte sicherzustellen.

5.20   FIXIERPUNKT

Liegen auf einem protokollierten Wegstreckenabschnitt mehrere Verzweigungen dicht hintereinander, dann lassen sich separate lokale Positionsnamen auf der Geräteanzeige (Display) eines GNSS-Empfängers[*] nicht mehr übersichtlich darstellen oder eindeutig positionieren. Wenn bei einer derartigen Konstellation die navigationsrelevante Verzweigung nicht als erste erreicht wird, dann kann sie als Fixierpunkt markiert werden. Bei einem Fixierpunkt wird ausschließlich für die navigationsrelevante Verzweigung ein Wegpunkt (Waypoint) gesetzt. Die Notation bezieht sich auf die navigationsrelevante Verzweigung. Auf einen Fixierpunkt wird an einem Verzweigungstyp mit Kommentar oder an einem Variantentyp mit dem Standardkommentar „FP" hingewiesen. Der Standardkommentar kann zu einer Standardkommentarsequenz erweitert oder innerhalb einer Kommentarsequenz notiert werden.

26-AR+FP

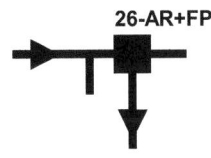

Mit einem Fixierpunkt lässt sich der Anfang einer Richtungssequenz in Wanderrichtung verlagern oder gegebenenfalls auflösen.

Liegen vor einer navigationsrelevanten Verzweigung mehrere Verzweigungen dicht beieinander und es existiert auf dem repräsentativen Wegstreckenabschnitt im Anschluss an die von der Notation belegten Verzweigungen in angemessener Distanz kein lokaler Positionsname, dann wird als Orientierungshilfe ein Peilpunkt gesetzt, damit eine Fehlorientierung möglichst schnell erkannt wird.

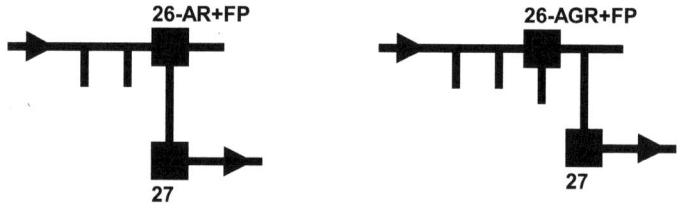

Belegt die Notation nicht alle der dicht hintereinander liegenden Verzweigungen hinter einer als Fixierpunkt gekennzeichneten navigationsrelevanten Verzweigung, dann wird eine Standardkommentarsequenz mit einem Auffangpunkt notiert. Existiert auf dem repräsentativen Wegstreckenabschnitt im Anschluss an die von der Notation belegten Verzweigungen in angemessener Distanz kein lokaler Positionsname, dann ist auch bei dieser Konstellation die Navigation mit einem Peilpunkt zu unterstützen.

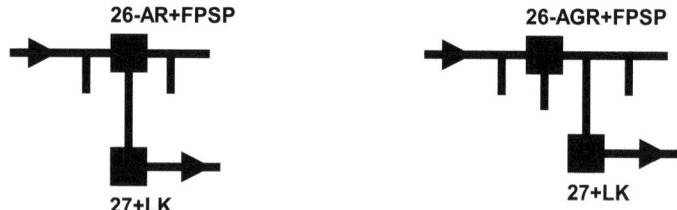

Ein Fixierpunkt bezieht sich bei einer repetierend genutzten Verzweigung auf die erste Passage. Eine Fixierung weiterer Passagen ist nicht möglich. Bei weiteren Passagen ist zu berücksichtigen, dass die Notation im Bezug zur navigationsrelevanten Verzweigung steht. Die navigationsrelevante Verzweigung ist bekannt und somit im Gelände eindeutig identifizierbar.

Eine oder mehrere vorgelagerten und nicht protokollierte Verzweigungen, die sich bei weiteren Passagen in geringer Distanz vor einer navigationsrelevanten Verzweigung befinden, werden beim Erreichen der navigationsrelevanten Verzweigung nicht interpretiert.

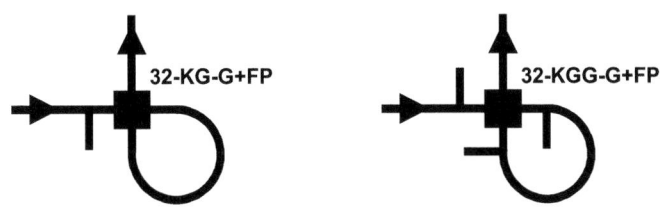

Belegt die Notation bei weiteren Passagen nicht alle der dicht hintereinander liegenden Verzweigungen hinter der als Fixierpunkt gekennzeichneten navigationsrelevanten Verzweigung, dann wird auf allen dominierenden inkorrekten Teilstrecken in angemessener Distanz ein Auffangpunkt als separater Wegpunkt gesetzt.

Ein Fixierpunkt wird auch verwendet, wenn eine Verzweigung eine dominierende Position belegt oder wenn die Orientierung an komplizierten Konstellationen zu Fehlinterpretationen neigt.

Eine oder mehrere mit einem Variantentyp initiierten oder mit einem rudimentären Variantenindikator markierten alternativen Wegstrecken können an einer navigationsrelevanten Verzweigung auf der repräsentativen Wegstrecke mit einem Fixierpunkt verankert werden.

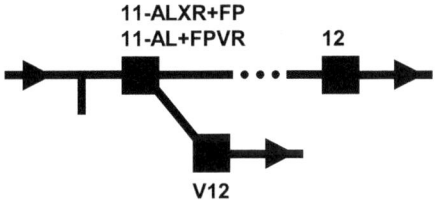

Wenn sich die mit einem rudimentären Variantenindikator markierten alternativen Wegstrecken nicht auf die navigationsrelevante Verzweigung beziehen, dann werden solide Kenntnisse[*] der alternativen Wegstrecken vorausgesetzt.

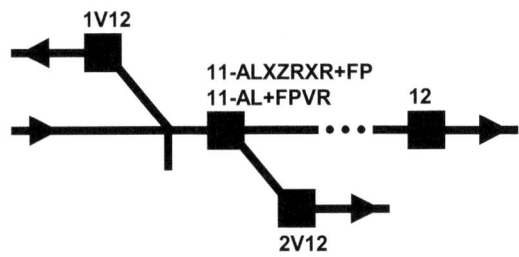

Auch das Ende einer oder mehrerer mit einem Variantentyp initiierten oder mit einem rudimentären Variantenindikator markierten alternativen Wegstrecken lässt sich auf der repräsentativen Wegstrecke mit einem Fixierpunkt synchronisieren.

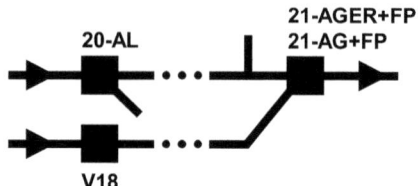

Eine navigationsrelevante Verzweigung liegt am Ende einer mit einem Variantentyp initiierten oder mit einem rudimentären Variantenindikator markierten alternativen Wegstrecke auf der repräsentativen Wegstrecke. Ein <u>Kommentar</u> (K) bezieht sich somit auf die Wegstrecke der Original-wanderung. Deshalb ist ein Fixierpunkt auf einer alternativen Weg-strecke zur Synchronisation mit der Wegstrecke der Originalwanderung unzulässig (⚠).

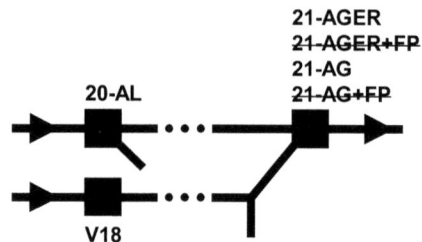

Die Anwendung erfordert solide Kenntnisse[*] der alternativen Wegstrecke. Bei der Anwendung der Basisrestriktionen werden beim Fixieren einer Verzweigung durch den obligatorischen Standardkommentar „FP" häufig rudimentäre Notationen erzwungen, die als Konsequenz solide Kenntnisse[*] der Wegstrecken erforderlich machen. Belegt die Notation nicht alle der dicht hintereinander liegenden Verzweigungen hinter einer als Fixierpunkt gekennzeichneten navigationsrelevanten Verzweigung, dann wird ein Auffangpunkt als separater Wegpunkt anstatt der Standardkommentarsequenz notiert. Die Praxistauglichkeit kann gege-benenfalls durch sorgfältige Platzierungen zusätzlicher Peilpunkte auf den korrespondierenden Wegstreckenabschnitten verbessert werden.

5.21 ABSTECHER

Ein Abstecher führt zu einer Position abseits einer protokollierten Wegstrecke und erreicht in der Regel eine <u>Attraktion abseits der Wegstrecke</u>. Lohnenswerte Anlässe für Abstecher können zum Beispiel Sehenswürdigkeiten, Aussichtspunkte oder Einkehrmöglichkeiten sein. Ein Abstecher beginnt und endet an derselben Verzweigung und seine Wegstrecke wird nicht protokolliert. Die Durchführung eines Abstechers ist optional. Auf einen oder mehrere Abstecher wird an einem <u>Verzweigungstyp mit Kommentar</u> oder an einem <u>Variantentyp</u> mit dem Standardkommentar „AB" hingewiesen. Der Standardkommentar kann zu einer Standardkommentarsequenz erweitert oder innerhalb einer <u>Kommentarsequenz</u> notiert werden.

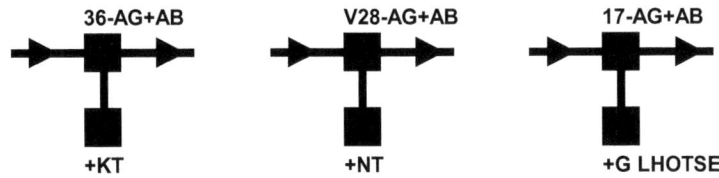

An einem Umkehrpunkt oder an einer Abzweigung, an der zwei reale Streckentypen von der Wegstrecke belegt sind, kann indirekt auf den realen Streckentyp für den Abstecher geschlossen werden. An einer Abzweigung, an der die Wegstrecke in umgekehrter Wanderrichtung fortgesetzt wird, an einer Kreuzung oder an einer Wegspinne ist nicht ersichtlich, welcher reale Streckentyp einem Abstecher zugeordnet ist. Das Verfahren regelt an einer repetierend genutzten Verzweigung nicht die Passage, bei der ein Abstecher ausgeführt werden soll, und bei einer Richtungssequenz wird nicht erkannt, an welcher Verzweigung ein Abstecher beginnt. Abstecher erfordern solide Kenntnisse[*] der Wegstrecke. Erscheint die Protokollierung der Wegstrecke für einen Abstecher unumgänglich, dann wird sie entweder in die Wegstrecke der Originalwanderung integriert oder als Variante konzipiert.

5.22 ALTERNATIVER AUSGANGSPUNKT

Ein alternativer Ausgangspunkt liegt auf einer protokollierten Wegstrecke und erlaubt den zeitlichen Ablauf einer Wanderung zu modifizieren. Auf einen alternativen Ausgangspunkt wird an einem <u>Verzweigungstyp mit Kommentar</u>, an einem <u>Variantentyp</u> oder als <u>Attraktion</u> mit dem Standardkommentar „AP" hingewiesen. Der Standardkommentar kann zu einer Standardkommentarsequenz erweitert oder innerhalb einer Kommentarsequenz notiert werden. Die Wanderrichtung wird über die Positionssequenznummer (*N*) in aufsteigender Reihenfolge ermittelt.

Das Verfahren regelt an einer repetierend genutzten Verzweigung nicht, für welche Passage die Wegstrecke in Angriff genommen beziehungsweise fortgesetzt werden soll. Die Ermittlung der Wanderrichtung über die Positionssequenznummer (*N*) in aufsteigender Reihenfolge stellt immer den Bezug zur ersten Passage her ($\triangle$).

Bei einer Richtungssequenz wird nicht erkannt, auf welche Verzweigung sich der alternative Ausgangspunkt bezieht. Damit eine Fehlorientierung möglichst schnell bemerkt wird, ist sicherzustellen, dass auf dem anschließenden Wegstreckenabschnitt in angemessener Distanz ein lokaler Positionsname existiert. Gegebenenfalls lässt sich die Navigation mit dem Vokabular der Himmelsrichtungen oder einem Kurswinkel als Kommentarsequenz erleichtern. Für derartige Anwendungen sind solide Kenntnisse[*] der Wegstrecke erforderlich.

Bei einer Streckenwanderung[*] als Variante kann ein alternativer Ausgangspunkt als alternativer Endpunkt[*] dienen. Liegen bei einer Streckenwanderung[*] als Variante ein alternativer Endpunkt[*] oder bei einer Rundwanderung[*] als Variante ein alternativer Ausgangspunkt auf einer individuellen Wegstrecke, dann werden solide Kenntnisse[*] der Wegstrecken vorausgesetzt, damit der alternative Ausgangspunkt erreicht beziehungsweise wieder erreicht wird (siehe Appendix A.7).

5.23   EINSTIEGSPUNKT

Bei einem Einstiegspunkt handelt es sich um einen Ausgangspunkt abseits einer protokollierten Wegstrecke. Ein Einstiegspunkt erlaubt es, den zeitlichen Ablauf einer Wanderung zu modifizieren. Der Anschlussweg[*] vom Einstiegspunkt bis zur repräsentativen Wegstrecke oder einer individuellen Wegstrecke einer Variante wird nicht protokolliert.

Syntax: ZN-B+K

Bei der Notation wird zwischen die Positionssequenznummer (*N*) und das Vokabular der Basisspezifikationen (*B*) ein Minuszeichen als Trennzeichen gesetzt. Die Positionssequenznummer (*N*) für einen Einstiegspunkt wird bestimmt, indem von der Positionssequenznummer (*N*) des kursrelevanten lokalen Positionsnamens, an der ein Anschlussweg* die protokollierte Wegstrecke erreicht, eins subtrahiert wird. Für einen Einstiegspunkt wird die Basisspezifikation „AP" verwendet. Erreicht ein Anschlussweg* eine individuelle Wegstrecke einer Variante, dann ist gegebenenfalls eine Variantennummer (*Z*) unverändert zu übernehmen und bündig vor der Positionssequenznummer (*N*) zu notieren. Ein Einstiegspunkt kann mit einem Kommentar (*K*) ergänzt werden. Ein Kommentar (*K*) wird mit dem Pluszeichen als Trennzeichen eingeleitet. Damit an einem Einstiegspunkt die einzuschlagende Wanderrichtung gezielt bestimmt werden kann, sollte immer das zutreffende Vokabular der Himmelsrichtungen notiert werden. Das Vokabular der Standardkommentare oder ein individueller Kommentar werden verwendet, wenn sich damit die Interpretation im Gelände optimieren lässt.

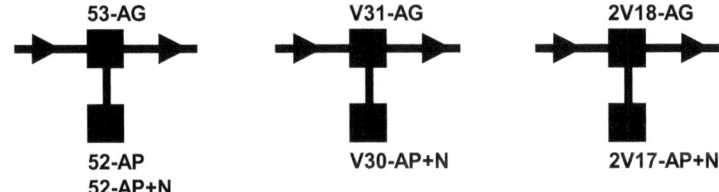

Die Wanderrichtung wird beim Erreichen einer protokollierten Wegstrecke über die Positionssequenznummer (*N*) in aufsteigender Reihenfolge ermittelt. Ein Einstiegspunkt vor der Positionssequenznummer (*N*) „02" der repräsentativen Wegstrecke ist nicht möglich. An einem kursrelevanten lokalen Positionsnamen ist nur ein Einstiegspunkt zulässig. Das Verfahren regelt beim Erreichen einer repetierend genutzten Verzweigung nicht die Passage, für die die weiterführende Wegstrecke in Angriff genommen beziehungsweise fortgesetzt werden soll. Die Ermittlung der Wanderrichtung über die Positionssequenznummer (*N*) in aufsteigender Reihenfolge stellt immer den Bezug zur ersten Passage her (△).
Bei einer Richtungssequenz wird nicht erkannt, an welcher Verzweigung die Wegstrecke erreicht wird. Damit eine Fehlorientierung möglichst schnell bemerkt wird, ist sicherzustellen, dass auf dem anschließenden Wegstreckenabschnitt in angemessener Distanz ein lokaler Positionsname existiert. Für derartige Anwendungen sind solide Kenntnisse* der Wegstrecke erforderlich.
Bei einer Streckenwanderung* als Variante kann ein Einstiegspunkt als alternativer Endpunkt* dienen. Trifft bei einer Streckenwanderung* als

Variante oder bei einer Rundwanderung* als Variante ein Anschlussweg* auf eine individuelle Wegstrecke, dann werden solide Kenntnisse* der Wegstrecken vorausgesetzt, damit der Einstiegspunkt erreicht beziehungsweise wieder erreicht wird (siehe Appendix A.7).

5.24 AUSSTIEGSPUNKT

Ein Ausstiegspunkt liegt auf einer protokollierten Wegstrecke und weist an einer Verzweigung auf einen oder mehrere signifikante Anschlusswege* hin. Auf einem Anschlussweg* lässt sich als Anwender (Wanderer) eine Wanderung geordnet abbrechen oder bei der Wegstreckenprotokollierung (Scouting) eine Streckenwanderung* gezielt als Variante integrieren. Ein geordneter Abbruch wird zum Beispiel durch einen Wettersturz oder einen Unfall provoziert. Wird ein Ausstiegspunkt notiert, dann liegen die zugeordneten alternativen Endpunkte* immer abseits einer protokollierten Wegstrecke.

Auf einen Ausstiegspunkt wird an einem Verzweigungstyp mit Kommentar oder an einem Variantentyp mit dem Standardkommentar „EP" hingewiesen. Der Standardkommentar kann zu einer Standardkommentarsequenz erweitert oder innerhalb einer Kommentarsequenz notiert werden.

An einem Umkehrpunkt oder an einer Abzweigung, an der zwei reale Streckentypen von der Wegstrecke belegt sind, kann indirekt auf den realen Streckentyp für den Anschlussweg* geschlossen werden. An einer Abzweigung, an der die Wegstrecke in umgekehrter Wanderrichtung fortgesetzt wird, an einer Kreuzung oder an einer Wegspinne ist nicht ersichtlich, welcher reale Streckentyp einem Anschlussweg* zugeordnet ist. Existiert ein Ausstiegspunkt an einer repetierend genutzten Verzweigung, dann kann die Wanderung bei jeder Passage auf demselben Anschlussweg* abgebrochen werden. Bei einer Richtungssequenz wird nicht erkannt, auf welche Verzweigung sich ein Ausstiegspunkt bezieht. Ein Anschlussweg* wird bis zum alternativen Endpunkt* nicht protokolliert. Für die Anwendung eines Ausstiegspunktes werden folglich solide Kenntnisse* der Wegstrecken vorausgesetzt (⚠).

Im Idealfall verbindet ein Anschlussweg* einen Ausstiegspunkt mit einem Einstiegspunkt als alternativem Endpunkt*. Existiert ein Einstiegspunkt, dann liefert die dekrementierte Positionssequenznummer (N) des Einstiegspunktes einen Anhaltspunkt für die Ermittlung der Wanderrichtung und für die Entfernung (Luftlinie) von der momentanen Position. Deshalb ist es für die Orientierung im Gelände empfehlenswert, einen Ausstiegspunkt möglichst in Kombination mit einem Einstiegspunkt zu notieren.

6   REGIONALER POSITIONSNAME

Regionale Positionsnamen ergänzen den Einsatz eines Wegpunktesatzes (Set of Waypoints) mit Informationen signifikanter Positionen in einem Wandergebiet. Die Ausdehnung eines Wandergebietes und die Zuordnung ihrer regionalen Positionsnamen erfolgen nach individuellen Gesichtspunkten. Regionale Positionsnamen werden zum Beispiel für geografische Besonderheiten, zentrale Orientierungspunkte, markante Gebäude oder bewährte Einkehrmöglichkeiten in einem Wandergebiet festgelegt und dienen der Peilung, Ortung oder Identifizierung dominierender Positionen im Gelände. Sie müssen innerhalb einer Region eindeutig sein und sich beliebig vielen regionalen Wegstrecken zuordnen lassen. Ein regionaler Positionsname kann abseits der Wegstrecke liegen. Er liefert oft das Motiv für eine Wanderung oder gibt während einer Wanderung Anlass für einen <u>Abstecher</u>. Die Anwendung regionaler Positionsnamen ist optional.

Syntax: $\boxed{K}$

Ein regionaler Positionsname wird als <u>individueller Kommentar</u> notiert und dokumentiert ein positionsrelevantes Merkmal. Die Verwendung des <u>Vokabulars der Himmelsrichtungen</u> und die verfahrensrelevanten Funktionen des <u>Vokabulars der Standardkommentare</u> sind unzulässig. Die positionsrelevanten Merkmale des Vokabulars der Standard-kommentare sind aufgrund ihrer fehlenden Diversifikation als regionale Positionsnamen ungeeignet. Die Anwendung der Basisrestriktionen limitiert einen individuellen Kommentar auf maximal 10 Zeichen.

NORDPOL

Um die syntaktische Interpretation der regionalen Positionsnamen zu vereinfachen, werden Positionen mit ähnlichen Attributen in Gruppen zusammengefasst.

G WATZMANN

Die Interpretation wird erleichtert, wenn als Gruppenname das Vokabular der Standardkommentare verwendet werden kann.

GH STUIBEN

Wenn sich die individuellen Kürzel der Gruppennamen aus einer ungeraden Anzahl an Zeichen zusammensetzen, dann lassen sich Verwechslungen mit dem zwei Zeichen langen Vokabular der Standardkommentare effektiver vermeiden.

6.1 VOKABULARMODELL FÜR GRUPPENNAMEN

Gruppennamen lassen sich in der Regel als Spezialfall aus dem Vokabular der Standardkommentare ableiten. Sie ergeben sich durch die natürlichen und kulturellen Gegebenheiten eines Wandergebietes oder durch individuelle Aspekte. Deshalb ist eine formale Festlegung eines Vokabulars nicht vorgesehen. Während die aufgeführten empirisch ermittelten Gruppennamen eine relative Allgemeingültigkeit für Europa haben, werden in Ägypten wohl eher die Kulturkuriosität der Pyramiden und in der Wüste die Naturkuriosität der Oasen eine übergeordnete Rolle spielen. Dominieren individuelle Aspekte, dann könnte aus Sicherheitsgründen zum Beispiel den Anfahrtspunkten für Rettungsfahrzeuge ein Gruppenname zugeordnet werden.

```
Gruppennamen := {
    Burg, Schloss, Festung              = B,
    Felsen                              = F,
    Gipfel                              = G,
    Kirche, Kapelle, Kloster, Einsiedelei,
    Abtei                               = K,
    Turm, Aussichtsturm, Leuchtturm     = T,
    ...
}
```

6.2 HARMONIE UND DISHARMONIE

Positionsnamen harmonieren, wenn alle in einem Wegpunktesatz (Set of Waypoints) verwendeten Wegpunkte (Waypoints) unterschiedliche Positionskoordinaten aufweisen. Eine Disharmonie liegt vor, wenn dieselben oder nahezu dieselben Positionskoordinaten eines lokalen Positionsnamens auch von einem regionalen Positionsnamen belegt sind. Eine Disharmonie zwischen regionalen Positionsnamen ist unzulässig. Beherbergt eine Position mehr als eine dominante Thematik, dann ist nach individuellen Gesichtspunkten die prominentere zu wählen.

Die Interpretation im Gelände wird erleichtert, wenn zwischen den lokalen Positionsnamen und den regionalen Positionsnamen Harmonie herrscht. Bei regionalen Positionsnamen, die auf einer regionalen Wegstrecke liegen, ist zwischen positions- und navigationsrelevanten Belegungen zu unterscheiden. Regionale Positionsnamen mit einer positionsrelevanten Belegung lassen sich harmonisch in eine Wegstrecke integrieren. Eine positionsrelevante Belegung liegt vor, wenn auf einem Streckentyp eine Position mit einem regionalen Positionsnamen erreicht und im Anschluss auf einem einzig möglichen und im Gelände unmissverständlich wahrnehmbaren Streckentyp kontinuierlich fortgesetzt wird. Ein regionaler Positionsname weist keine Positionssequenznummer (N) auf und bleibt somit bei der Vergabe der Positionssequenznummern (N) der kursrelevanten lokalen Positionsnamen unberücksichtigt.

Herrscht zwischen einem lokalen Positionsnamen und einem regionalen Positionsnamen Disharmonie, dann wird die Interpretation erschwert, weil sich der lokale Positionsname und der regionale Positionsname auf der Geräteanzeige (Display) überlagern. Wird der regionale Positionsname dargestellt, dann kann aufgrund der fehlenden Positionssequenznummer (N) auf eine Überlagerung geschlossen werden. Erscheint der lokale Positionsname auf der Geräteanzeige (Display), dann sollte die Dominanz der regionalen Position im Gelände für eine unmissverständliche Identifikation ausreichen. Zur Überprüfung lassen sich mit der Umkreissuche eines GNSS-Empfängers[*] beide Positionsnamen in einer Wegpunktliste vollständig anzeigen.

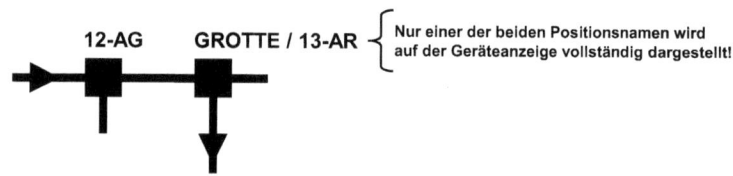

Eine Disharmonie wird durch einen regionalen Positionsnamen provoziert, der auf einer regionalen Wegstrecke eine navigationsrelevante Position belegt. Eine navigationsrelevante Belegung liegt vor, wenn sie an einer

Basisspezifikation, an einer Verzweigung, an einem Umkehrpunkt oder an einem Wendepunkt auftritt.

Eine Disharmonie lässt sich an einer Verzweigung, an einem Umkehrpunkt oder an einem Wendepunkt restriktiv harmonisieren. Eine restriktive Harmonie setzt grobe Kenntnisse* der Wegstrecke voraus. An einer Verzweigung und an einem Umkehrpunkt ist eine restriktive Harmonie nur dann zulässig, wenn an der Position keine protokollierte alternative Wegstrecke initiiert wird oder terminiert.

Wenn ein regionaler Positionsname eine Verzweigung belegt, die nicht in umgekehrter Wanderrichtung verlassen wird, dann ist die Navigation auf dem weiterführenden realen Streckentyp mit einem Peilpunkt sicherzustellen. Ein Peilpunkt entfällt, wenn bereits ein lokaler Positionsname in angemessener Distanz existiert.

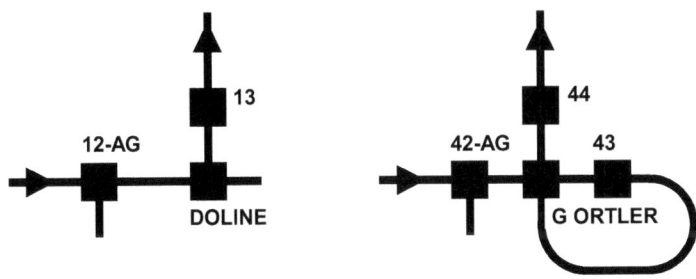

An einer Verzweigung, die in umgekehrter Wanderrichtung verlassen wird, an einem Umkehrpunkt oder an einem Wendepunkt kann aufgrund einer vorgelagerten repetierend genutzten Verzweigung auf die umgekehrte Wanderrichtung geschlossen werden.

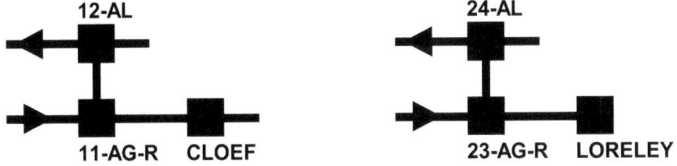

Um das Risiko einer Fehlinterpretation zu reduzieren, können dominierende inkorrekte Positionen mit Auffangpunkten als separate Wegpunkte markiert werden.

Eine Disharmonie ist unvermeidbar, wenn ein regionaler Positionsname eine Basisspezifikation belegt oder wenn an einer Verzweigung beziehungsweise an einem Umkehrpunkt eine oder mehrere protokollierte alternative Wegstrecken beginnen. Eine protokollierte alternative Wegstrecke, die mit einem individuellen Wegstreckenabschnitt initiiert wird, ist nur über die Positionssequenznummer (*N*) einer Variante eindeutig identifizierbar und eine protokollierte alternative Wegstrecke, die in umgekehrter Wanderrichtung beginnt, setzt ohne einen lokalen Positionsnamen solide Kenntnisse[*] der Wegstrecke voraus. Die Basisspezifikationen sind verfahrensrelevant.

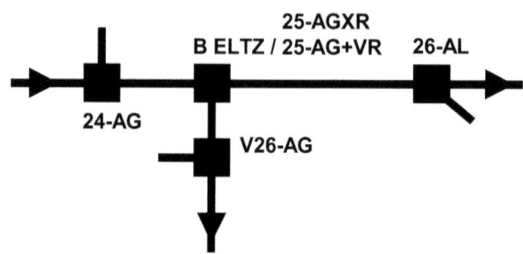

Disharmonie herrscht auch dann, wenn eine protokollierte alternative Wegstrecke an einer mit einem regionalen Positionsnamen belegten Position terminiert, da sich ein weiterführender Streckentyp nur über einen lokalen Positionsnamen ermitteln lässt.

6.3   STANDARDDIENSTE

Die Organisation <u>regionaler Positionsnamen</u> lässt sich mit den folgenden Standarddiensten verknüpfen:

- 'Points of Interest (POI)'
- Digitale Karten
- Kommentare für Wegpunkte (Notes)

'Points of Interest (POI)' sind Positionen, die während der Navigation von besonderem Interesse sein können. 'Points of Interest (POI)' mit gemeinsamen Attributen werden in Kategorien zusammengefasst. Neben Kategorien wie geografische Punkte, Berghütten oder Restaurants, die sich bei einer Wanderung als nützlich erweisen können, stehen darüber hinaus jede Menge klassischer Kategorien wie Tankstellen, Flughäfen oder Geldautomaten zur Verfügung. Sie lassen sich mit Hilfe der Umkreissuche lokalisieren und mit der Zielpunktnavigation (GoTo) ansteuern. Ihre Bezeichnungen erscheinen auf der Geräteanzeige (Display) eines GNSS-Empfängers[*], wenn sie angesteuert oder als <u>Wegpunkte</u> (Waypoints) abgespeichert werden. In der Regel sind im

Lieferumfang eines GNSS-Empfängers[*] bereits eine Vielzahl an 'Points of Interest (POI)' enthalten oder sie können über Anbieter bezogen beziehungsweise ergänzt werden. Regionale Positionsnamen, die bereits als 'Points of Interest (POI)' existieren, können in einem Wegpunktesatz (Set of Waypoints) entfallen. Alternativ lassen sich die regionalen Positionsnamen als eigenständige Kategorie laden. Vor der Anwendung eines Wegpunktesatzes sind die aktiven regionalen Positionsnamen als Wegpunkte abzuspeichern. Bei dem Einsatz digitaler Karten (Vektor- oder Rasterkarte) können regionale Positionsnamen entfallen, wenn die auf der Karte verzeichneten regionalen Positionsnamen auch als 'Points of Interest (POI)' hinterlegt sind. Das Abspeichern der aktiven regionalen Positionsnamen als Wegpunkte ist nicht erforderlich. Verzeichnete regionale Positionsnamen, die nicht als 'Points of Interest (POI)' vorliegen, dienen ausschließlich der Orientierung und können bei der Navigation nicht angesteuert werden. Da nicht gewährleistet werden kann, dass die digitalen Karten und die 'Points of Interest (POI)' der verschiedenen Anbieter einheitlich sind, sollten diese Standarddienste nur bei individuellen Wegstrecken-protokollierungen angewandt werden. Ferner ist es empfehlenswert, sowohl die Positionskoordinaten der 'Points of Interest (POI)' als auch die Lage der verzeichneten Positionen auf den digitalen Karten im Gelände zu überprüfen.

Wenn Wegpunkten freie Texte als Kommentare (Notes) hinzugefügt werden können, dann lassen sich die vollständigen Bezeichnungen der regionalen Positionsnamen und gegebenenfalls weitere Informationen hinterlegen.

7   ROUTENNAVIGATION

Bei Routen werden <u>Wegpunkte</u> (Waypoints) in der Reihenfolge der Wanderrichtung zu navigierbaren Wegstrecken geradlinig miteinander verknüpft. Diese Funktion ist in der Regel im Leistungsumfang der GNSS-Empfänger* und spezieller Anwendersoftware enthalten. Steht während einer Wanderung ein GNSS-Empfänger* mit einer Route und einem Wegpunktesatz (Set of Waypoints) zur Verfügung, dann wird die Orientierung durch ein dreistufiges Navigationsmodell unterstützt.

1. Der <u>lokale Positionsname</u> informiert an einem Wegpunkt, auf welchem Streckentyp die Wanderung fortgesetzt wird, und liefert navigations- und positionsrelevante Merkmale.

2. Die Route visualisiert mit der Routenlinie (Kurslinie) die kürzeste Wegstrecke zwischen zwei Wegpunkten und der Richtungszeiger die direkte Richtung (Luftlinie) von der momentanen Position zum nächsten Wegpunkt.

3. Die aktuelle Kursaufzeichnung (Track-Log) zeigt die zurückgelegte Wegstrecke bis zur momentanen Position und das Positionssymbol die Bewegungsrichtung.

Die lokalen Positionsnamen, die Routenlinie und der Richtungszeiger bieten somit Informationen für die Orientierung der noch zurückzulegenden Wegstrecke und die aktuelle Kursaufzeichnung dokumentiert die bereits zurückgelegte Wegstrecke.

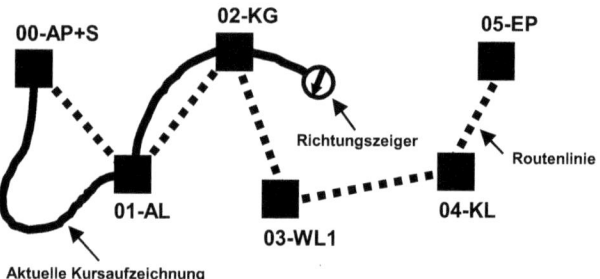

Ein Wegpunktesatz bietet temporär auch ohne Satellitenempfang durch Verschieben der Karte (Pan-Map) auf der Geräteanzeige (Display) eines GNSS-Empfängers* noch Anhaltspunkte für die weitere Navigation.

Die Zielpunktnavigation (GoTo) erlaubt eine diskrete Peilung eines Wegpunktes als Zielpunkt und kann unabhängig von einer Route benutzt werden. Die Funktion visualisiert auf der Geräteanzeige mit einer Routenlinie die kürzeste Wegstrecke (Geraden) von der momentanen Position zum Zielpunkt und mit dem Richtungszeiger den direkten Kurs (Luftlinie) zum Zielpunkt. Sie kommt zum Einsatz, um zum Beispiel auf der Geräteanzeige die nächste Positionssequenznummer (N) zu orten oder zu einem bestimmten Wegpunkt in der Sequenz zu navigieren.

Die aktuelle Kursaufzeichnung unterstützt ferner die Navigation, wenn von der momentanen Position aus auf demselben Weg zum Ausgangspunkt zurückgekehrt werden soll (Trackback).

Wird beim Anfertigen einer Route die maximale Anzahl an routenfähigen Wegpunkten eines GNSS-Empfängers[*] überschritten, dann kann bei der Verkettung von drei Wegpunkten, die in etwa eine Gerade bilden, auf den mittleren verzichtet werden. Der unverkettete Wegpunkt erscheint während der Navigation routennah auf der Geräteanzeige.

Mit Routing ist eine automatische Wegstreckennavigation möglich. Dazu muss auf einem GNSS-Empfänger[*] eine topografische und routingfähige Vektorkarte installiert sein. Die erzielten Ergebnisse hängen von den eingestellten funktionalen Parametern und dem Detaillierungsgrad des auf der Karte zur Verfügung stehenden Wegstreckennetzes ab. Mit den dort hinterlegten Streckentypen wird ein potentieller Wegstreckenverlauf ermittelt und visualisiert.

Wenn während einer Wanderung eine Verzweigung nicht gefunden wird oder wenn sie nicht mehr existiert, dann bietet das Routing gegenüber der Zielpunktnavigation (GoTo) den Vorteil, dass ein Wegstreckenverlauf von der momentanen Position bis zu einem Zielpunkt automatisch ermittelt und visualisiert wird. Nach der Synchronisation mit der ursprünglich geplanten Wegstrecke am Zielpunkt übernimmt der Wegpunktesatz wieder die weitere Navigation. Eine automatische Ermittlung des vollständigen Wegstreckenverlaufs ist in Verbindung mit einem Wegpunktesatz nicht möglich, da mit dieser Funktion keine Übereinstimmung der beiden Wegstrecken gewährleistet werden kann.

8   KURSAUFZEICHNUNG

Stehen für eine Wegstrecke eine konfektionierte Kursaufzeichnung* (Track-Log) und ein Wegpunktesatz (Set of Waypoints) zur Verfügung, dann werden im Vergleich mit einer Route präzisere Navigationsergebnisse erzielt. Die höhere Qualität wird durch den größeren Detaillierungsgrad einer Kursaufzeichnung erreicht.

1. Der lokale Positionsname informiert an einem Wegpunkt (Waypoint), auf welchem Streckentyp die Wanderung fortgesetzt wird, und liefert navigations- und positionsrelevante Merkmale.
2. Die konfektionierte Kursaufzeichnung* visualisiert die Wegstrecke und der Richtungszeiger den Kurs.
3. Die aktuelle Kursaufzeichnung zeigt die zurückgelegte Wegstrecke bis zur momentanen Position und das Positionssymbol die Bewegungsrichtung.

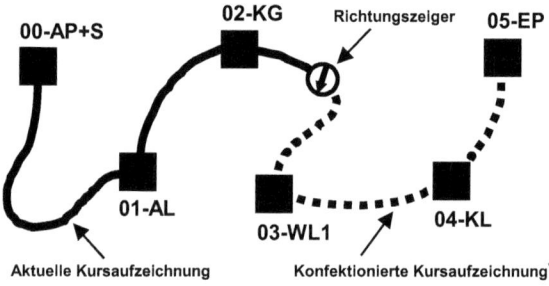

Die aktuelle Kursaufzeichnung unterstützt ferner die Navigation, wenn von der momentanen Position aus auf demselben Weg zum Ausgangspunkt zurückgekehrt werden soll (Trackback).

Die während einer Wegstreckenprotokollierung (Scouting) gemessene aktuelle Kursaufzeichnung kann mit spezieller Anwendersoftware überarbeitet und dann als konfektionierte Kursaufzeichnung* benutzt werden. Dabei sind Abschnitte ohne Satellitenempfang zu interpolieren, Messungenauigkeiten zu korrigieren und Abweichungen von der Wegstrecke zu eliminieren.

9   REGELN BEI FEHLENDEN WEGPUNKTEN

Beim Erstellen eines Wegpunktesatzes (Set of Waypoints) ist die Dokumentation sekundärer Verzweigungen optional. Eine sekundäre Verzweigung liegt vor, wenn ein für die Navigation vernachlässigbarer realer Streckentyp von einem dominierenden realen Streckentyp abzweigt. Unter Beachtung diverser Richtlinien bei der Wegstreckenprotokollierung (Scouting) und der Anwendung (Wanderer) können Orientierungsprobleme an navigationskritischen Positionen häufig elegant reguliert werden. Fehlt ein <u>Wegpunkt</u> (Waypoint) an einer Verzweigung, dann ist im Gelände nach folgenden Regeln zu verfahren:

- Der „Hauptstreckentyp" gilt vor dem „Nebenstreckentyp" (z. B.: Die Wanderstrecke folgt einer breiten, oft befahrenen Piste. An einer Abzweigung biegt ein mit Gras überwachsener Feldweg nach rechts ab. Dann ist weiterhin der Piste zu folgen).

- Bei der elementaren Navigation gilt „geradeaus" vor „rechts" oder „links" (z. B.: Ein Pfad führt entlang eines Wasserkanals. An einer Abzweigung steigt ein Pfad nach links in die Talsohle ab. Es ist weiterhin dem Pfad geradeaus, entlang des Kanals zu folgen).

Wird während einer Wanderung eine Verzweigung erreicht, die weder im benutzten Wegpunktesatz enthalten ist noch als sekundäre Verzweigung eingestuft werden kann, dann wird mit der Zielpunktnavigation (GoTo) die nächste <u>Positionssequenznummer</u> (N) anvisiert. Gleiches gilt für Verzweigungen, die erst nach einer Wegstreckenprotokollierung (Scouting) entstanden sind.

Damit eine Wegstrecke mit derartigen Verzweigungen problemlos wiederholt werden kann, sind an den betroffenen Standorten die <u>Positionskoordinaten</u> mit einem GNSS-Empfänger[*] zu messen und die strukturellen Eigenschaften der Verzweigungen mit dem entsprechenden <u>Vokabular der Elementarrichtungen</u> (R), gegebenenfalls in Kombination mit einer <u>Abbiegungsnummer</u> (A), festzustellen. Im Anschluss sind die Wegpunkte mit den zutreffenden Notationen in dem Wegpunktesatz einzuarbeiten.

Die Qualität eines Wegpunktesatzes hängt wesentlich von den Services ab, die ein Entwickler hinsichtlich Systematik und Wartung bereitstellt (z. B.: Updates).

10   VERWAHRLOSTE VERZWEIGUNGEN

Eine Verzweigung ist verwahrlost, wenn ihre strukturelle Eigenschaft und Komplexität im Gelände mit dem protokollierten lokalen Positionsnamen nicht mehr übereinstimmt oder eindeutig interpretiert werden kann. Die Komplexität einer Verzweigung ist proportional zur Anzahl der Streckentypen, aus denen sie sich zusammensetzt. Durch neu angelegte Streckentypen, temporäre Streckentypen oder überflüssige Abkürzungen wird im Gelände eine größere Komplexität wahrgenommen. Bei kaum noch benutzten oder nicht mehr gewarteten Streckentypen kann sich die Komplexität bis hin zu einem Streckentyp reduzieren. Eine Veränderung der strukturellen Eigenschaft wirkt sich bei einem lokalen Positionsnamen auf das Vokabular der Verzweigungstypen (X), auf das Vokabular der Elementarrichtungen (R) und gegebenenfalls auf eine zugeordnete Abbiegungsnummer (A) aus. An komplexen Verzweigungen kann die Übersicht erschwert werden, wenn ausgetretene aber irrelevante Wegstreckenabschnitte auftreten, die durch Abkürzen oder durch regelmäßige Nutzung beim Umherlaufen im unmittelbaren Verzweigungsbereich verursacht werden. In diesen Fällen ist sicherzustellen, dass zunächst die gemessene Position erreicht wird, damit bei der anschließenden Interpretation des Positionsnamens irrelevante Streckentypen unberücksichtigt bleiben.

Die Fortführung einer Wanderung wird an einer verwahrlosten Verzweigung durch verschiedene Techniken unterstützt. Beim Einsatz einer Kursaufzeichnung gibt der Richtungszeiger automatisch eine relativ genaue Wanderrichtung an. Eine Route liefert die direkte Richtung (Luftlinie) zum nächsten Wegpunkt (Waypoint). Steht keine Route zur Verfügung, dann wird die direkte Richtung zum nächsten Wegpunkt mit der Zielpunktnavigation (GoTo) ermittelt. Der weitere Verlauf der Wegstrecke ist auf der Geräteanzeige (Display) solange zu überwachen, bis sich mit Sicherheit der korrekte Kurs abschätzen lässt. Sonst ist zu der betroffenen Verzweigung zurückzukehren und eine alternative Wegstrecke zu prüfen.

Um eine Wegstrecke problemlos wiederholen zu können, ist die aktuelle strukturelle Eigenschaft der verwahrlosten Verzeigung mit dem Vokabular der Elementarrichtungen (R) und gegebenenfalls einer Abbiegungsnummer (A) vor Ort festzustellen und die Notation in dem Wegpunktesatz (Set of Waypoints) anzupassen.

11   UMGEKEHRTE WANDERRICHTUNG

Soll eine Wegstrecke in umgekehrter Wanderrichtung durchgeführt werden, dann ist das dreistufige Navigationsmodell nur noch eingeschränkt funktionsfähig, weil ein Wegpunktesatz (Set of Waypoints) nicht reversibel ist. Die Routennavigation und die Kursaufzeichnung (Track-Log) sind diesbezüglich robuster, denn eine Route lässt sich problemlos invertieren und eine Kursaufzeichnung impliziert die Umkehrfunktion (Trackback).

Während sich die Wegpunkte (Waypoints) eines Wegpunktesatzes für eine invertierte Routennavigation eignen, erlaubt die Semantik ihrer Positionsnamen in umgekehrter Wanderrichtung in den meisten Fällen weder eine direkte noch eine indirekte Navigation.

Die Wegstreckenprotokollierung (Scouting) eines reversiblen Wegpunktesatzes erfordert umfangreiche Verfahrensergänzungen und die daraus resultierende inverse Navigation verkompliziert die Anwendung im Gelände. Dies steht im Widerspruch zum Verfahrensziel, die Navigation mit standardisierten Positionsnamen zu vereinfachen. Deshalb ist für eine Wanderung in umgekehrter Wanderrichtung ein separater Wegpunktesatz anzulegen.

Notwendige Verfahrensergänzungen und die Komplexität der inversen Navigation sollen anhand der folgenden Beispiele veranschaulicht werden, ohne dabei den Anspruch auf Vollständigkeit zu erheben:

- Die Positionssequenznummer (N) wird rückwärts gezählt. Die erste Positionssequenznummer (N) einer Variante kann nicht geordnet interpretiert werden, wenn beim Zusammentreffen mit der repräsentativen Streckenführung eine Lücke oder eine Überschneidung auftritt.

- Das Vokabular der Elementarrichtungen (R) ist in der Regel und die Vereinheitlichungen der initialen Zählmodi sind immer inkorrekt. Selbst bei einer suboptimalen Verwendung und einer permanenten Umkehrung der Elementarrichtungen „R" und „L" während der Wanderung muss die Wegstrecke auf nicht protokollierte, sekundäre Verzweigungen hin untersucht werden, die in umgekehrter Wanderrichtung für eine exakte Orientierung signifikant sind.

- Bei einer Richtungssequenz divergiert die geografische Position der einleitenden Verzweigung und ihre strukturelle Eigenschaft kann sich ändern. Erschwerend kommt hinzu, dass die Wegstrecke unidirektional genutzter Richtungssequenzen in umgekehrter Wanderrichtung unbekannt ist.

- An einer repetierend genutzten Verzweigung müssen die Passagen in umgekehrter Reihenfolge interpretiert werden.

- Die Variantentypen für den Beginn und das Ende einer alternativen Wegstrecke sind vertauscht und somit wird das typisierende Vokabular der Variantenarten (*V*) erst am Ende einer alternativen Wegstrecke erkannt. Ein rudimentärer Variantenindikator ist nur einsetzbar, wenn der Beginn und das Ende einer alternativen Wegstrecke identisch sind.

- Alternativer Endpunkt: Ein alternativer Endpunkt liegt immer dann vor, wenn eine genutzte Wegstrecke nicht am Endpunkt der repräsentativen Wegstrecke terminiert. Ein alternativer Endpunkt kann sich sowohl auf als auch abseits einer protokollierten Wegstrecke befinden. Er tritt ausschließlich bei Varianten auf und repräsentiert immer einen möglichen Ausgangspunkt. Daher ist eine spezielle Kennzeichnung für einen alternativen Endpunkt nicht notwendig.

- Anschlussweg: Ein Anschlussweg verbindet eine Position abseits einer protokollierten Wegstrecke mit einer Verzweigung auf einer protokollierten Wegstrecke. Ein Anschlussweg wird nicht protokolliert und kann in beiden Wanderrichtungen genutzt werden.

- Asymmetrische Kreuzung: An einer asymmetrischen Kreuzung treffen vier reale Streckentypen zusammen, deren Richtungen sich aus der momentanen Wanderposition heraus mit dem Vokabular der Elementarrichtungen (R) nicht eindeutig beschreiben lassen. Das ist der Fall, wenn zum Beispiel zwei reale Streckentypen nebeneinander auf eine Hauptstrecke treffen.

- GNSS-Empfänger: Bei einem Empfänger für globale Navigationssatellitensysteme (Global Navigation Satellite Systems) handelt es sich um ein portables Gerät, das die Signale eines oder mehrerer globaler Navigationssatellitensysteme wie zum Beispiel GPS, GLONASS, Galileo oder Beidou empfangen und für die Positionsbestimmung und Navigation verarbeiten kann (z. B.: Outdoor-Handgeräte oder Smartphones mit geeigneter Applikation).

- Kenntnisse: Wenn eine Notation im Gelände keine direkte Navigation gewährleistet, dann benötigt ein Anwender (Wanderer) Kenntnisse der Wegstrecke. Das Verfahren unterscheidet zwischen groben und soliden Kenntnissen. Grobe Kenntnisse werden empfohlen, wenn bei der Orientierung indirekt navigiert werden muss. Solide Kenntnisse werden vorausgesetzt, wenn eine Notation die Navigation nicht reguliert.

- Konfektionierte Kursaufzeichnung: Eine konfektionierte Kursaufzeichnung (Track-Log) dokumentiert eine gegebene Wegstrecke (Trail) mit einem vollständigen und bereinigten Datensatz.

- Rundwanderung: Bei der elementaren Rundwanderung befinden sich der Ausgangspunkt und der Endpunkt der Wegstrecke an derselben geographischen Position. Die Wegstrecke weist ausschließlich einfach genutzte Teilstrecken auf und wird in einer Wanderrichtung durchlaufen. Eine Rundwanderung liegt als Mischstruktur vor, wenn sie neben den einfach genutzten Teilstrecken auch bidirektional oder mehrfach in einer Wanderrichtung genutzte Teilstrecken aufweist.

- Skurrile Tendenzen: Typologien mit skurrilen Tendenzen liegen vor, wenn der Ausgangs- oder Endpunkt bei Streckenwanderungen* mehr als einmal und bei Ziel- und Rundwanderungen* mehr als zweimal erreicht werden.

- Streckenwanderung: Bei der elementaren Streckenwanderung befinden sich der Ausgangspunkt und der Endpunkt der Wegstrecke an verschiedenen geographischen Positionen. Die Wegstrecke weist ausschließlich einfach genutzte Teilstrecken auf und wird in einer Wanderrichtung durchlaufen. Eine Streckenwanderung liegt als Mischstruktur vor, wenn sie neben den einfach genutzten Teilstrecken auch bidirektional oder mehrfach in einer Wanderrichtung genutzte Teilstrecken aufweist.

- Subvariante: Eine Subvariante liegt vor, wenn an einer Verzweigung einer alternativen Wegstrecke eine alternative Wegstrecke initiiert wird.

- Versetzte Kreuzung: Eine versetzte Kreuzung liegt vor, wenn der reale Streckentyp, der bei einer Kreuzung geradeaus weiterführt, nach rechts oder links versetzt ist und die Kreuzung als zwei hintereinanderliegende Abzweigungen angesehen werden kann.

- Zielwanderung: Bei der elementaren Zielwanderung befinden sich der Ausgangspunkt und der Endpunkt der Wegstrecke an derselben geografischen Position. Die Wegstrecke wird bidirektional genutzt. Der Hinweg unterscheidet sich vom Rückweg durch die Wanderrichtung. Eine Zielwanderung liegt als Mischstruktur vor, wenn sie neben den bidirektional genutzten Teilstrecken auch einfach oder mehrfach in einer Wanderrichtung genutzte Teilstrecken aufweist.

A.1   VERFAHRENSSYNTAX

Die Verfahrenssyntax umfasst zwei allgemeingültige Formulierungen, aus denen die Syntax der Navigationskomponenten extrahiert wird. Sie setzt sich aus den Abbreviaturen der syntaktischen Elemente und zwei Fluchtsymbolen zusammen.

Syntax:

$$ZN\text{-}B\text{+}K$$

$$ZN\text{-}XR_{1.1.1}A_{1.1.1}...R_{1.1.a}A_{1.1.a}$$
$$V_{1.1}R_{1.2.1}A_{1.2.1}...R_{1.2.b}A_{1.2.b}...V_{1.u}R_{1.x.1}A_{1.x.1}...R_{1.x.c}A_{1.x.c}$$
$$\text{-}R_{2.1.1}A_{2.1.1}...R_{2.1.d}A_{2.1.d}$$
$$V_{2.1}R_{2.2.1}A_{2.2.1}...R_{2.2.e}A_{2.2.e}...V_{2.v}R_{2.y.1}A_{2.y.1}...R_{2.y.f}A_{2.y.f}...$$
$$\text{-}R_{n.1.1}A_{n.1.1}...R_{n.1.g}A_{n.1.g}$$
$$V_{n.1}R_{n.2.1}A_{n.2.1}...R_{n.2.h}A_{n.2.h}...V_{n.w}R_{n.z.1}A_{n.z.1}...R_{n.z.i}A_{n.z.i}$$
$$\text{+}K$$

Wenn bei einer extrahierten Syntax eine Abbreviatur oder ein Fluchtsymbol unterstrichen ist, dann ist die Notation optional. Die Darstellung einer extrahierten Syntax resultiert aus einer isolierten Betrachtung. Um eine syntaktisch korrekte Notation abzuleiten, ist deshalb immer zu prüfen, welche der optionalen Abbreviaturen oder Fluchtsymbole gleichzeitig entfallen können. Die Korrelationen der Abbreviaturen oder Fluchtsymbole untereinander sind den Beschreibungen der Navigationskomponenten zu entnehmen.
Die folgende Übersicht erklärt die von der Verfahrenssyntax verwendeten Abbreviaturen und Fluchtsymbole:

ABBREVIATUREN	
A	Abbiegungsnummer
B	Vokabular der Basisspezifikationen
K	Kommentar
N	Positionssequenznummer
R	Vokabular der Elementarrichtungen
V	Vokabular der Variantenarten
X	Vokabular der Verzweigungstypen
Z	Variantennummer

FLUCHTSYMBOLE	
-	Das Minuszeichen leitet das <u>Vokabular der Basisspezifikationen</u> (*B*), das <u>Vokabular der Verzweigungstypen</u> (*X*) und an einer repetierend genutzten Verzweigung weitere Passagen ein.
+	Das Pluszeichen leitet einen <u>Kommentar</u> (*K*) ein und dient als Trennzeichen innerhalb einer <u>Kommentarsequenz</u>.

Auf eine Konsolidierung der Verfahrenssyntax zu einer einzigen allgemeingültigen Formulierung wird bewusst verzichtet, um der besonderen Bedeutung des Ausgangs- und Endpunktes, die zwei der fünf Attribute für den elementaren Aufbau einer Wanderung repräsentieren, gerecht zu werden. Theoretisch lässt sich eine Konsolidierung durch die Einführung des Vokabulars der Verfahrenstypen realisieren, unter dem das angepasste Vokabular der Basisspezifikationen (*B*) und das Vokabular der Verzweigungstypen (*X*) aufgehen würden. Damit wäre auch am Ausgangspunkt eine direkte Navigation für den Beginn einer Variante mit einem <u>Variantentyp</u> gewährleistet. Dieser kleine Makel lässt sich auf vertretbare Weise durch einfache Verlagerung des Ausgangpunktes kompensieren.

A.2 BESTÄNDIGKEIT VON KURIOSITÄTEN

Auf der Wegstrecke lassen sich Positionen mit markanten Kultur- und Naturkuriositäten leichter identifizieren. Eine Kuriosität leistet einen zweckdienlichen Beitrag zur Orientierung, wenn sie für einen Laien unmissverständlich identifizierbar ist und wenn von einer nachhaltigen Existenz ausgegangen werden kann. Deshalb sind vor allem solche Objekte geeignet, die möglichst über Jahrzehnte hinweg vorhanden sind. Eine angemessene Beständigkeit einer Kuriosität setzt eine gesicherte Immobilität, einen robusten Aufbau oder eine regelmäßige Wartung, die durch das öffentliche Interesse gewährleistet ist, voraus.

Kuriositäten, die in topografischen Karten erfasst sind, erfüllen in der Regel die notwendigen Voraussetzungen. Dazu zählen Antennen, Felsformationen, Friedhöfe, Grotten, Hochspannungsmaste, Höhlen, Steinbrüche, Stollen, Wasserfälle, etc. Dabei ist zu beachten, dass sie als solche auch zweifelsfrei erkannt werden. Öffentliche Gedenktafeln, große Skulpturen, Wassertretanlagen, etc. werden in der Regel regelmäßig gewartet und können wegen ihrer Beständigkeit verwendet werden.

Eine fortschreitende Renaturalisierung kann die unmittelbare Wahrnehmung einschränken und erklärende Hinweisschilder haben aufgrund ihrer Mobilität oft keine angemessene Nachhaltigkeit. In diesen Fällen dienen Kuriositäten weniger der Orientierung, sondern dokumentieren eher eine Attraktion. Dazu zählen auch Kultur- oder Naturdenkmäler, die für einen Laien nur durch ihre Beschilderung erkennbar sind. Selbst die in topografischen Karten verzeichneten hundertjährigen Eichen lassen sich im Wald oft nur von Experten identifizieren. Problematisch sind auch Försterstände (Hochsitze), alleinstehende Bänke, moderne Wegweisungssysteme, etc., die sich einfach demontieren lassen und dadurch mit mobilen Tendenzen aufwarten.

Der Einsatz eines Kommentars (K) für eine Kuriosität und seine Interpretation erfordert ein praxisorientiertes Fingerspitzengefühl, denn die Lesbarkeit individueller Kommentare wird durch die Geometrie der Geräteanzeige (Display) oder durch die limitierte Zeichenanzahl der Basisrestriktionen eingeschränkt und als Standardkommentare stehen aufgrund der Generalisierung nur „KT" und „NT" zur Verfügung.

A.3 EMPFOHLENE INDIVIDUELLE KOMMENTARE

In der Praxis haben sich diverse Kürzel für individuelle Kommentare als nützlich erwiesen. Bei den empirisch ermittelten Kürzeln handelt es sich um positionsrelevante Merkmale. Sie erleichtern bei einer universellen Anwendung die Interpretation im Gelände. In der folgenden Tabelle sind die bisher gebräuchlichen Kürzel mit ihren Erklärungen aufgelistet:

GEF	Gefahrenstelle Als Gefahrenstelle wird eine Position oder eine Passage gekennzeichnet, die im Vergleich mit der Gesamtwegstrecke besondere Aufmerksamkeit erfordert. Gefahrenpotenzial haben zum Beispiel Abschnitte in Absturzgelände, Geröllfelder, gesicherte Weganlagen (Klettersteige), Gletscher, Schneefelder oder Wildbachüberquerungen.
MAX	Maximum Der individuelle Kommentar markiert die höchste Position einer Wegstrecke.
MIN	Minimum Der individuelle Kommentar markiert die tiefste Position einer Wegstrecke.
NAV	Navigationspunkt Ein Navigationspunkt markiert eine Position, die besondere Aufmerksamkeit bei der Orientierung erfordert.
PFA	Pfad Der individuelle Kommentar weist auf einen Pfad hin, der genutzt, gekreuzt oder tangiert wird. Ein Pfad ist in der Regel so schmal, dass zwei Personen hintereinander gehen müssen (Trampelpfad, Saumpfad, Gebirgspfad, usw.).
PNR	Point of No Return Der individuelle Kommentar markiert die Position, ab der die Rückkehr zum Ausgangspunkt auf derselben Wegstrecke die Gehzeit verlängert oder mehr Kondition erfordert, als die Wanderung fortzusetzen. Wird die Wanderung in unbekanntem Gelände fortgesetzt, dann muss das Risiko eingeschätzt und bewertet werden.
PIS	Piste Der individuelle Kommentar weist auf eine Piste hin, die genutzt, gekreuzt oder tangiert wird. Eine Piste ist ein Fahrweg ohne einen befestigten Fahrbahnbelag (Forstweg, Feldweg, Wirtschaftsweg, Schotterweg, usw.).

SOS	Rettungspunkt Ein Rettungspunkt gewährleistet die Erreichbarkeit durch Rettungskräfte. Der individuelle Kommentar markiert geeignete Positionen (Anfahrpunkte für Rettungsfahrzeuge, Notfallpunkte, Hubschrauberlandeplätze, Rettungstreffpunkte, usw.).
STR	Straße Der individuelle Kommentar weist auf eine ein- oder mehr-spurige Straße hin, die genutzt, gekreuzt oder tangiert wird. Eine Straße hat einen befestigten Fahrbahnbelag (Asphalt, Teer, Kopfsteinpflaster, usw.).
WEG	Weg Der individuelle Kommentar weist auf einen Weg hin, der genutzt, gekreuzt oder tangiert wird. Ein Weg ist breit genug, so dass zwei Personen nebeneinander gehen können (Feldweg, Hohlweg, Fußgängerweg usw.).

A.4   GERADEAUS BEI ASYMMETRISCHEN KREUZUNGEN UND WEGSPINNEN

Eine Kreuzung setzt sich aus vier realen Streckentypen zusammen, die sich mit dem Vokabular der Elementarrichtungen (R) eineindeutig zuordnen lassen.

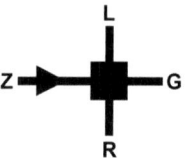

An einer Kreuzung bewirkt die Elementarrichtung „G", dass eine zur Wanderrichtung quer verlaufende Wegstrecke überquert wird. Die repräsentative und die quer verlaufende Wegstrecke können entweder aus einem homogenen realen Streckentyp bestehen oder sich aus zwei inhomogenen realen Streckentypen zusammensetzen. Ein realer Streckentyp ist homogen, wenn er sich über eine Verzweigung hinweg kontinuierlich fortsetzt, ohne seine Eigenschaft zu ändern.

Bei einer asymmetrischen Kreuzung* bilden die realen Streckentypen Konstellationen, bei denen die repräsentative Wegstrecke die beiden abzweigenden realen Streckentypen tangiert, oder die realen Strecken-typen gabeln sich wie ein schmaler Fächer. Dadurch entstehen Irritationen, weil das Vokabular der Elementarrichtungen (R) nicht mehr mit dem geografischen Verlauf im Gelände harmoniert. Deshalb geben die Elementarrichtungen „R" und „L" an einer asymmetrischen Kreuzung* den Zählmodus an und werden mit einer Abbiegungsnummer (A) ergänzt. Die Elementarrichtungen „Z" und „G" sind demzufolge nicht zwingend notwendig. Die Elementarrichtung „Z" kann dem betroffenen realen Streckentyp eindeutig zugeordnet werden und erleichtert die Interpreta-tion. Die Verwendung der Elementarrichtung „G" irritiert im Gelände, da sie den geografischen Verlauf „G_G" reflektiert und gemäß der strukturellen Eigenschaft einer Kreuzung „G_S" interpretiert werden müsste. Zudem könnte der Anwender (Wanderer) an der Syntax nicht erkennen, dass es sich um eine asymmetrische Kreuzung* handelt.

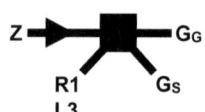

Auf eine Ergänzung des <u>Vokabulars der Verzweigungstypen</u> (*X*) wird verzichtet, weil mit den Elementarrichtungen „R" und „L" in Kombination mit einer Abbiegungsnummer (*A*) bereits eine elegante Lösung vorliegt, und um die Transparenz des Verfahrens zu erhalten.

Eine Wegspinne setzt sich aus mehr als vier realen Streckentypen zusammen. Die Elementarrichtungen „R" und „L" geben wie bei einer asymmetrischen Kreuzung* den Zählmodus an und werden stets mit einer Abbiegungsnummer (*A*) notiert. Die Elementarrichtungen „Z" und „G" sind nicht zwingend notwendig, wobei die Elementarrichtung „Z" dem betroffenen realen Streckentyp eindeutig zugeordnet werden kann und somit die Interpretation erleichtert. Eine Protokollierung der Elementarrichtung „G" wird an einer Wegspinne immer dann provoziert, wenn sich damit für den Anwender (Wanderer) eine vereinfachte Interpretation im Gelände realisieren lässt. Eine vereinfachte Interpretation liegt vor, wenn die Identifikation der abzweigenden und für die repräsentative Wegstrecke irrelevanten realen Streckentypen entfällt. Eine Provokation wird durch einen kursrelevanten realen Streckentyp verursacht, der eine Wegspinne geografisch geradeaus oder mit einer unwesentlichen Richtungsänderung überquert. Eine unwesentliche Richtungsänderung erfolgt theoretisch innerhalb eines Winkelsegments von 45°, das eine maximale Abweichung nach rechts oder nach links von 22,5° zulässt. Weiterhin muss der Winkel bis zu den benachbarten realen Streckentypen mindestens 67,5° betragen.

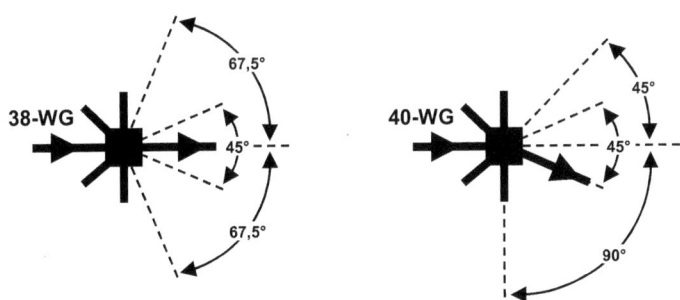

Die Einhaltung des Winkels bis zu den benachbarten realen Streckentypen kann vernachlässigt werden, wenn es sich bei dem geografisch geradeaus verlaufenden realen Streckentyp um einen homogenen und zugleich dominanten realen Streckentyp handelt. Ein kursrelevanter realer Streckentyp ist dominant, wenn er auch ohne einen <u>Wegpunkt</u> (Waypoint) von einem Anwender (Wanderer) als solcher unmissverständlich erkannt wird. In diesem Fall ist die Verwendung der Elementarrichtung „G" auch dann zulässig, wenn eine Wegspinne bei einer Richtungssequenz nicht die initiierende Verzweigung repräsentiert.

Fazit: Die Elementarrichtung „G" wird von dem Verfahren an einer asymmetrischen Kreuzung* nicht unterstützt. Die Verwendung an einer Wegspinne ist zulässig, wenn sie die Interpretation für den Anwender (Wanderer) erleichtert und keine Irritationen verursacht. In Zweifelsfällen sind die Elementarrichtungen „R" und „L" mit einer Abbiegungsnummer (A) zu verwenden.

A.5   KURSWINKELBESTIMMUNG

Das Vokabular der Himmelsrichtungen und Kurswinkel können zur Unterstützung der Navigation an einem Verzweigungstyp mit Kommentar oder als Attraktion eingesetzt werden. Sie helfen an unübersichtlichen oder komplexen Verzweigungen, Missverständnissen vorzubeugen oder weniger dominante reale Streckentypen eindeutig zu identifizieren. Als Attraktion lassen sich damit drastische Richtungsänderungen der Wegstrecke präzisieren. Um eine zuverlässige Anwendung ohne Irritationen garantieren zu können, müssen die Kurswinkelbestimmung und die Kurswinkelinterpretation nach einheitlichen Regeln erfolgen.

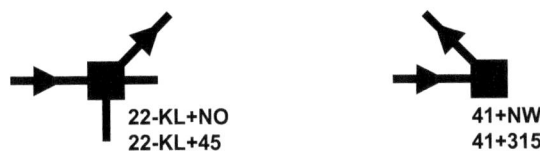

Das Vokabular der Himmelsrichtungen umfasst die gängigen Abkürzungen einer Windrose mit 16er-Teilung wie zum Beispiel N für Nord oder SSW für Südsüdwest und die Kurswinkel belegen den Wertebereich von 0 bis 360 für den Vollwinkel in Grad (°).
Vor der Anfertigung eines Wegpunktesatzes (Set of Waypoints) ist festzulegen, ob sich die Kurswinkel auf geografisch Nord oder magnetisch Nord beziehen. Die verwendeten Geräte (GNSS-Empfänger[*] / Bussole) sind vor der Wegstreckenprotokollierung beziehungsweise vor der Anwendung entsprechend einzustellen (NB: Die Magnetnadel einer Bussole richtet sich nach den magnetischen Feldlinien vor Ort aus).
Bei der Bestimmung eines Kurswinkels für einen Verzweigungstyp mit Kommentar wird auf der Verzweigungsfläche zunächst die Position eingenommen, an der der zu vermessende reale Streckentyp wurzelt. Danach wird die endgültige Position mittig zur Breite des realen Streckentyps ausgerichtet. Verläuft der weiterführende reale Streckentyp anfangs geradlinig, dann wird über eine gedachte Linie in der Mitte seiner beiden Ränder über den deutlich geradlinig verlaufenden Abschnitt hinweggepeilt und der Kurswinkel ermittelt. Beginnt der weiterführende reale Streckentyp mit einem für die Navigation nicht repräsentativen Kurs, dann ist eine entfernte Position anzuvisieren, an der der Verlauf des realen Streckentyps eindeutig zu lokalisieren ist. Dies ist erforderlich, wenn die

Wegstrecke unmittelbar dahinter einer scharfen Kurve folgt oder wenn sie in Serpentinen verläuft.

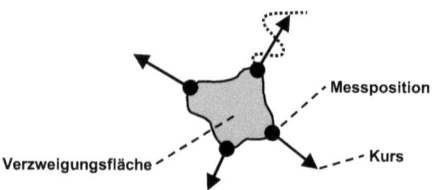

Die Verwendung der Kurswinkel oder des Vokabulars der Himmelsrichtungen hat auf diverse Navigationskomponenten spezielle Auswirkungen. Bei einer Richtungssequenz beziehen sich ein Kurswinkel oder das Vokabular der Himmelsrichtungen auf die geografische Position der letzten Verzweigung der Sequenz. An einer repetierend genutzten Verzweigung wird die Notation eines Kurswinkels oder des Vokabulars der Himmelsrichtungen immer der ersten Passage zugeordnet. Bei der Notation eines Variantentyps gibt ein Kurswinkel oder das Vokabular der Himmelsrichtungen den Kurs der Originalwanderung an. Ob ein Kurswinkel oder das Vokabular der Himmelsrichtungen zum Einsatz kommt, ist von Fall zu Fall zu entscheiden. Es ist immer die Darstellung zu verwenden, die sich bei der Navigation am besten interpretieren lässt. Wer das Vokabular der Himmelsrichtungen verwendet, der braucht sich über geringe Winkelabweichungen keine Gedanken zu machen und vermeidet Verwechslungen mit anderen numerischen Kommentaren (K). Enthält ein Wegpunktesatz zum Beispiel Höhenangaben als Kommentare (K), dann wären diese bis 360 m ü. NN explizit zu kennzeichnen. Daher empfiehlt es sich in den meisten Fällen, zunächst den Kurswinkel zu bestimmen und ihn anschließend in das Vokabular der Himmelsrichtungen zu übersetzen. Weicht bei der Anwendung der gemessene Kurs von dem vorgegebenen geringfügig ab, dann sollte die gemessene Abweichung bei allen weiteren Kursangaben ebenfalls berücksichtigt werden. Im Regelfall werden die Richtungsermittlungen während der Entwicklung eines Wegpunktesatzes mit demselben Gerät (GNSS-Empfänger[*] / Bussole) und unveränderten Geräteeinstellungen (Kalibrierung / Missweisung) vorgenommen.

A.6　VIERFACHWEGPUNKT

Eine repetierend genutzte Verzweigung liegt vor, wenn während einer Wanderung dieselbe Verzweigung mehr als einmal erreicht wird. Die Basisrestriktionen unterstützen an einem Repetiertyp bis zu drei Passagen. An einem Verzweigungstyp mit Richtungssequenz oder an einem Verzweigungstyp mit Kommentar sind maximal zwei Passagen möglich. Auf bidirektionalen Wegstreckenabschnitten sind alle Verzweigungen strukturbedingt bereits mit mindestens zwei Passagen belegt. Da an einem Repetiertyp das Vokabular der Elementarrichtungen (R) für die umgekehrte Wanderrichtung indirekt bekannt ist, könnte es an einem für die Navigation unkritischen Repetiertyp entfallen. Die ersten drei Passagen könnten standardmäßig notiert werden und bei der vierten Passage würde das Vokabular der Elementarrichtungen (R) für die umgekehrte Wanderrichtung vom Anwender (Wanderer) im Gelände situativ entschieden.

Obwohl eine derartige Regelung die Navigation der Originalwanderung unterstützen würde, müsste durch die fehlende Information für die vierte Passage eine weitere rudimentäre Notation in Kauf genommen werden. Während die Notation mit einem isoliert stehenden Vokabular der Verzweigungstypen (X) unmissverständlich darauf hinweist, dass solide Kenntnisse[*] der Wegstrecke vorausgesetzt werden, wird bei einer oberflächlichen Betrachtung eines Wegpunktesatzes (Set of Waypoints) erst beim Erreichen der vierten Passage deutlich, dass solide Kenntnisse[*] der Wegstrecke zumindest empfehlenswert wären.

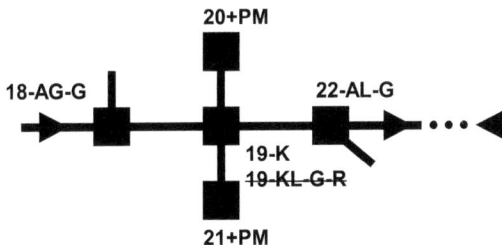

Zudem können sich Verzweigungen in umgekehrter Wanderrichtung als Gabelungen präsentieren und dadurch die Navigation erschweren. Oft lässt sich dann ohne zusätzlichen Orientierungsaufwand nicht mehr spontan feststellen, auf welchem der realen Streckentypen eine repetierend genutzte Verzweigung bei der ersten Passage erreicht wurde.

Somit würde die Einführung einer Regelung für Vierfachwegpunkte auf bidirektionalen Wegstreckenabschnitten eine weitere rudimentäre syntaktische Struktur legitimieren, und sie könnte trotzdem die Notwendigkeit solider Kenntnisse* der Wegstrecke nicht ausschließen. Ferner ließen sich damit keine bereits bekannten Einschränkungen vermeiden. Dazu zählen der Einsatz von Richtungssequenzen oder wenn sich an asymmetrischen Kreuzungen* und Wegspinnen die initialen Zählmodi der realen Streckentypen nicht eindeutig vereinheitlichen lassen.

Fazit: Das Verfahren unterstützt bei der Anwendung der Basisrestriktionen aufgrund der nur sehr eingeschränkten Erleichterung bei der Navigation der Originalwanderung und zur Limitierung der syntaktischen Komplexität und deren Interpretation keine spezielle rudimentäre Notation für Vierfachwegpunkte an bidirektionalen Wegstreckenabschnitten.

A.7   DETERMINATION PROTOKOLLIERBARER VARIANTEN

Dieser Diskurs behandelt die Typologien der Wanderungen, die das Verfahren mit einer navigationsgerechten Wegstreckenprotokollierung unterstützt. Der elementare Aufbau einer Wanderung wird mit fünf Attributen spezifiziert:

- Ausgangspunkt
- Endpunkt
- Wegstrecke
- Wanderrichtung
- Attraktion(en)

LEGENDE ZU DEN GRAFIKEN
⊕ - Ausgangs- und Endpunkt der Originalwanderung
Ⓥ - Ausgangs und Endpunkt einer Variante
▶ - Wanderrichtung
— - Repräsentative Wegstrecke
••• - Individuelle Wegstrecke

Wenn die Attribute zweier Wanderungen übereinstimmen, dann handelt es sich um identische, sonst um separate Wanderungen. Für eine protokollierbare Variante müssen mindestens zwei separate Wanderungen mit gemeinsam genutzten Wegstreckenabschnitten vorliegen, deren Typologien keine skurrilen Tendenzen[*] aufweisen. Eine der separaten Wanderungen wird als Originalwanderung festgelegt. Die anderen werden bei diesem Verfahren zusammenfassend als Varianten bezeichnet. Die Wegstrecke der Originalwanderung wird repräsentative Wegstrecke genannt und die Wegstreckenabschnitte der Varianten, die von der repräsentativen Wegstrecke abweichen, werden als alternative Wegstrecken bezeichnet. Eine alternative Wegstrecke kann sich aus individuellen Wegstrecken und repräsentativen Wegstreckenabschnitten in umgekehrter Wanderrichtung zusammensetzen. Mit einem Wegpunktesatz (Set of Waypoints) kann eine repräsentative Wegstrecke zusammen mit alternativen Wegstrecken protokolliert werden, wenn neben den gemeinsam genutzten Wegstreckenabschnitten auch der Ausgangspunkt und der Endpunkt der Wegstrecken übereinstimmen.

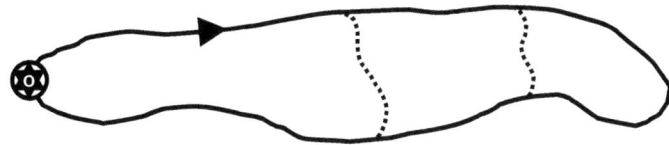

Bei einer Zielwanderung[*] als Variante muss die Position, an der die repräsentative Wegstrecke in umgekehrter Wanderrichtung fortgesetzt wird, bekannt sein.

Das Verfahren unterstützt keine reversiblen Wegpunktesätze und somit bedarf die Wanderrichtung der repräsentativen Wegstrecke keiner

Betrachtung. Die Attraktionen liefern das Motiv für eine Wanderung und stehen infolgedessen beim Design einer Wegstrecke im konzeptionellen Fokus, sie wirken sich allerdings bei der Bestimmung protokollierbarer Varianten nicht aus.

Ein Sonderfall stellen relokative Varianten dar. Die Wegstrecke einer relokativen Variante ist identisch mit der repräsentativen Wegstrecke. Die Position des Ausgangspunktes oder des Endpunktes oder beide Positionen stimmen indes nicht mit der Originalwanderung überein. Das Verfahren unterstützt relokative Varianten mit den Navigationskomponenten für einen alternativen Ausgangspunkt oder einen Einstiegspunkt. Bei einem Einstiegspunkt gilt die Verzweigung als Ausgangspunkt oder Endpunkt, an der der Anschlussweg* mit der protokollierten Wegstrecke zusammentrifft. Wird bei einer Wanderung ein alternativer Ausgangspunkt oder ein Einstiegspunkt als Ausgangspunkt genutzt, dann handelt es sich um die Durchführung einer Variante. Da das Verfahren keine Subvarianten* unterstützt, darf folglich bei der Durchführung einer relokativen Variante die repräsentative Wegstrecke ohne solide Kenntnisse* der Wegstrecken nicht verlassen werden.

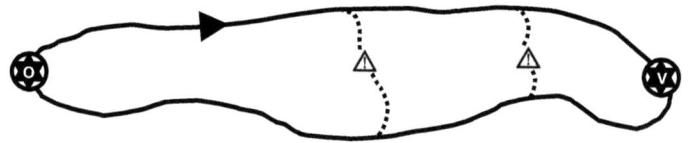

Bei einer Zielwanderung* als relokative Variante muss die Position, an der die repräsentative Wegstrecke in umgekehrter Wanderrichtung fortgesetzt wird, und bei einer Streckenwanderung* der alternative Endpunkt* bekannt sein.

Infolgedessen wäre die Anwendung eines alternativen Ausgangspunktes oder eines Einstiegspunktes auf einer individuellen Wegstrecke unzulässig. Eine derartige Konstellation wird von dem Verfahren trotzdem unterstützt, weil sich damit in der Praxis elegante Lösungen realisieren lassen. Die Anwendung setzt allerdings solide Kenntnisse* der Wegstrecken voraus.

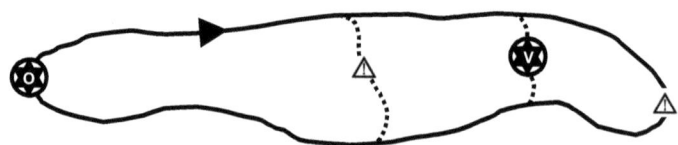

Fazit: Wenn eine separate Wanderung an dem Ausgangspunkt der Originalwanderung beginnt und an dem Endpunkt der Originalwanderung terminiert und gemeinsam genutzte Wegstreckenabschnitte mit der Originalwanderung aufweist, dann wird sie von dem Verfahren als protokollierbare Variante navigationsgerecht unterstützt. Die Protokollierung einer relokativen Variante setzt bei der Anwendung voraus, dass die repräsentative Wegstrecke nicht verlassen wird. Alle anderen syntaktisch zulässigen Notationen für protokollierbare Varianten erfordern solide Kenntnisse* der Wegstrecken.

A.8 KREUZUNGS- UND TANGENTIALPUNKT BEI ALTERNATIVEN WEGSTRECKEN

Trifft eine protokollierte individuelle Wegstrecke erneut auf eine repetierend genutzte Verzweigung der Originalwanderung und sie wird auf einem protokollierten individuellen Wegstreckenabschnitt fortgesetzt, dann entsteht an einer Kreuzung oder an einer Wegspinne entweder ein Kreuzungspunkt oder ein Tangentialpunkt. Bei einem Kreuzungspunkt wird die repräsentative Wegstrecke überschritten, bei einem Tangentialpunkt touchiert. An einem Umkehrpunkt oder an einer Abzweigung ist aufgrund ihrer strukturellen Eigenschaften die Fortsetzung der Wegstrecke auf einem individuellen Wegstreckenabschnitt nicht möglich.

Bei einer protokollierten alternativen Wegstrecke, die an einer repetierend genutzten Verzweigung der Originalwanderung auf einem individuellen Wegstreckenabschnitt fortgesetzt wird, liegt nur dann ein Kreuzungs- oder Tangentialpunkt vor, wenn auch eine geordnete Passagenreihenfolge gewährleistet ist. Eine geordnete Passagenreihen-folge ist gewährleistet, wenn einzig die letzte Passage von einer protokollierten alternativen Wegstrecke belegt wird. Wenn diese Bedingung erfüllt ist, dann wird die Navigation von dem Verfahren korrekt unterstützt und demzufolge kann die Wegstrecke der Originalwanderung von einer protokollierten alternativen Wegstrecke sowohl gekreuzt als auch touchiert werden. Die Positionssequenznummer (N) einer Variante wird auf dem individuellen Wegstreckenabschnitt kontinuierlich weitergezählt. Bei der Anwendung wird der numerische Wert der Positionssequenznummer (N) der Original-wanderung an der repetierend genutzten Verzweigung nicht interpretiert.

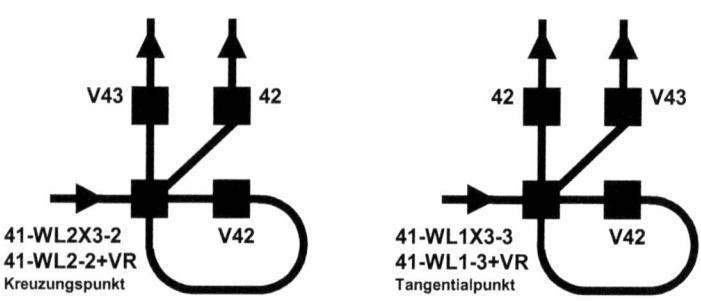

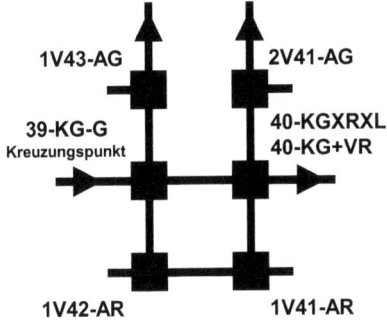

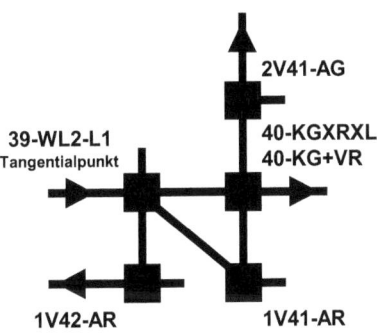

Wird die Wegstrecke der Originalwanderung an einer repetierend genutzten Verzweigung mit Richtungssequenz gekreuzt oder tangiert, dann kann auf dem durch die Richtungssequenz reglementierten Wegstreckenabschnitt die Wanderrichtung der Originalwanderung und die der protokollierten alternativen Wegstrecke übereinstimmen, ohne dass die alternative Wegstrecke endet.

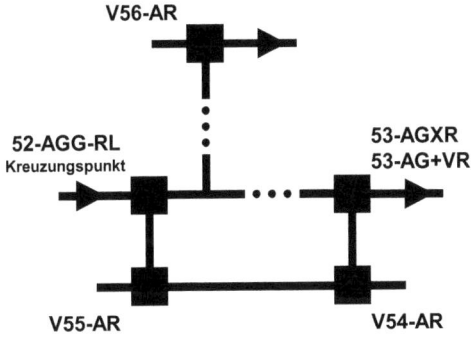

Wenn eine geordnete Passagenreihenfolge nicht sichergestellt werden kann, dann ist die theoretische Streckenführung der alternativen Wegstrecke wie zwei separate alternative Wegstrecken zu handhaben. Dabei ist zu berücksichtigen, dass sich diese Vorgehensweise auf die Kontinuität der alternativen Wegstrecke auswirkt.

Das Verfahren unterstützt keine repetierend genutzten Verzweigungen mit Passagen, die von mehreren protokollierten alternativen Wegstrecken belegt werden, weil die Nutzung einer alternativen Wegstrecke optional ist und somit keine geordnete Passagenreihenfolge sichergestellt werden kann. Protokollierte alternative Wegstrecken, die sich kreuzen oder tangieren, sind demzufolge unzulässig.

A.9 PROTOKOLLIERUNG BIDIREKTIONALER ALTERNATIVER WEGSTRECKEN

Sollen zwei unidirektional verlaufende alternative Wegstrecken auf demselben Wegstreckenabschnitt bidirektional protokolliert werden, dann ergibt sich ein Konflikt bei der Nummerierung der Positionssequenznummern (N) einer Variante.

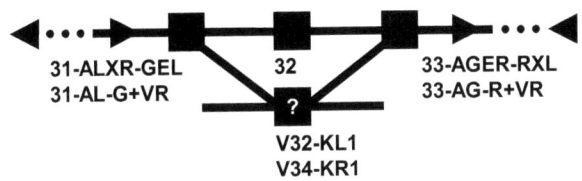

Die Positionssequenznummern (N) einer Variante der ersten alternativen Wegstrecke sollen standardmäßig nummeriert werden. Demzufolge wären die Positionssequenznummern (N) einer Variante der zweiten alternativen Wegstrecke rückwärts zu zählen. Der numerische Wert der ersten Positionssequenznummer (N) einer Variante der zweiten alternativen Wegstrecke könnte mit der Positionssequenznummer (N) der Originalwanderung übereinstimmen oder mit einer Lücke behaftet sein. Beide Auswirkungen verstoßen gegen die Richtlinien für die Vergabe von Positionssequenznummern (N) einer Variante bei alternativen Wegstrecken.

Würde eine der beiden alternativen Wegstrecken benutzt, dann wäre auf dem gemeinsamen Wegstreckenabschnitt das Vokabular der Elementarrichtungen (R) an den repetierend genutzten Verzweigungen nicht in der Folge des Erreichens, sondern entsprechend der Reihenfolge der möglichen Passagen zu interpretieren.

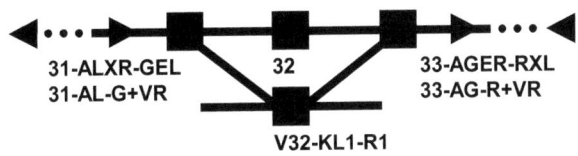

Fazit: Die drei Anomalien verkomplizieren die Navigation und tragen als sekundäre Navigationsmerkmale nicht zur Verbesserung der Orientierung der Originalwanderung bei. Weiterhin widerspricht eine Erhöhung der

Komplexität für sekundäre Anwendungen dem konzeptionellen Ansatz des Verfahrens. Deshalb wird die Protokollierung von zwei alternativen Wegstrecken, die denselben Wegstreckenabschnitt bidirektional nutzen, von dem Verfahren nicht unterstützt. Dies gilt auch dann, wenn auf dem Wegstreckenabschnitt keine <u>lokalen Positionsnamen</u> für die alternativen Wegstrecken existieren. Erscheint eine vollständige Wegstreckenprotokollierung unumgänglich, dann ist ein separater Wegpunktesatz (Set of Waypoints) anzulegen.

A.10   VARIANTENTYP MIT ISOLIERTER PASSAGENBELEGUNG

Terminiert eine mit einem Variantentyp initiierte alternative Wegstrecke an einer Passage einer repetierend genutzten Verzweigung, die nicht von der Wegstrecke der Originalwanderung genutzt wird, dann handelt es sich um eine isolierte Passagenbelegung. Eine repetierend genutzte Verzweigung liegt vor, wenn während einer Wanderung dieselbe Verzweigung mehr als einmal erreicht wird.

Eine alternative Wegstrecke, die mit einem Variantentyp initiiert wird, beginnt immer an einer Verzweigung der repräsentativen Wegstrecke. Folglich kann eine mit einem Variantentyp initiierte alternative Wegstrecke am Anfang keine Passage isoliert belegen.

Das Ende einer mit einem Variantentyp initiierten alternativen Wegstrecke wird erreicht, sobald die alternative Wegstrecke wieder mit der Wegstrecke der Originalwanderung zusammentrifft und die Wanderung auf der Wegstrecke der Originalwanderung in einer durch die Originalwanderung bereits genutzten Wanderrichtung fortgesetzt wird oder das Ende der Originalwanderung erreicht wird. Wird das Ende an einer repetierend genutzten Verzweigung erreicht, dann wird strukturbedingt die erste Passage von der repräsentativen Wegstrecke beansprucht. Eine repetierend genutzte Verzweigung setzt eine geordnete Passagenreihenfolge voraus und infolgedessen ist eine isolierte Belegung ausschließlich an der letzten Passage möglich.

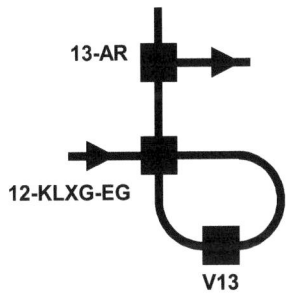

Eine isolierte Passagenbelegung am Ende einer mit einem Variantentyp initiierten alternativen Wegstrecke führt zwingend dazu, dass im Anschluss ein Wegstreckenabschnitt der repräsentativen Wegstrecke in der Wanderrichtung der Originalwanderung genutzt wird. Provoziert eine mit einem Variantentyp initiierte alternative Wegstrecke, dass im Anschluss ein Wegstreckenabschnitt der Originalwanderung in derselben Wanderrichtung erneut genutzt wird, dann sind sowohl die Passagenzählung als auch die Behandlung der <u>lokalen Positionsnamen</u> auf dem betroffenen Wegstreckenabschnitt zu formalisieren.

Damit die Komplexität wegen sekundärer syntaktischer Erweiterungen nicht erhöht wird, orientiert sich die Notation an einer repetierend genutzten Verzweigung ausschließlich an der Passagenzählung der Originalwanderung. Somit werden die Passagen in der durch die Wegstrecke der

Originalwanderung festgelegten Reihenfolge belegt. Das Ende einer mit einem Variantentyp initiierten alternativen Wegstrecke wird an ihrer ersten möglichen Passage notiert. Eine repetierbare alternative Wegstrecke wird nur mit einer Belegung berücksichtigt.

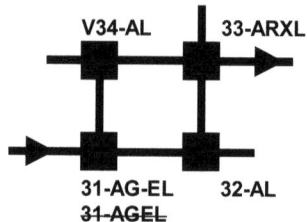

Weil die durch einen Variantentyp provozierte Passagenanzahl auf dem betroffenen Wegstreckenabschnitt der Originalwanderung nicht eindeutig festgelegt werden kann, werden infolgedessen die Verzweigungen auf dem Wegstreckenabschnitt nicht als repetierend genutzte Verzweigungen ausgelegt oder repetierend genutzte Verzweigungen mit Passagen ergänzt. Die lokalen Positionsnamen der Originalwanderung regeln zuverlässig die Navigation, weil das <u>Vokabular der Elementarrichtungen</u> (R) und gegebenenfalls <u>Abbiegungsnummern</u> (A) oder Richtungssequenzen für die Passagen der alternativen Wegstrecke ohnehin mit denen der repräsentativen Wegstrecke übereinstimmen würden.

Auf der Wegstrecke der Originalwanderung liegt eine repetierend genutzte Verzweigung, die von der Originalwanderung mit zwei Passagen und von einer alternativen Wegstrecke mit einer zusätzlichen Passage belegt ist. Eine Schleife soll auf dem Hinweg mit einem Variantentyp realisiert werden.

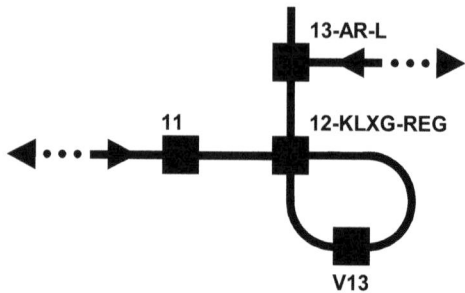

Die theoretische Notation unter Berücksichtigung einer separaten Passagenzählung für alternative Wegstrecken würde lauten: **12-KLXG-EG-R**. Die zweite Passage weist kein Vokabular der Elementarrichtungen (R) für die Wegstrecke der Originalwanderung auf und dürfte deshalb beim Rückweg nur dann gezählt werden, wenn die alternative Wegstrecke genutzt wurde. Da sich die Passagenzählung jedoch ausschließlich auf die Originalwanderung bezieht, wird die separate Passagenbelegung der alternativen Wegstrecke aufgelöst. Die angepasste Notation lautet wie folgt: **12-KLXG-REG** . Die Anwendung der Basisrestriktionen gestattet eine rudimentäre Notation, die solide Kenntnisse[*] der Wegstrecke voraussetzt: **12-KLXG-RE** .

Bei einer repetierbaren alternativen Wegstrecke, die auf dem Hinweg auf einem bidirektionalen Wegstreckenabschnitt der Originalwanderung beginnt, wird somit eine isolierte Passagenbelegung vermieden.

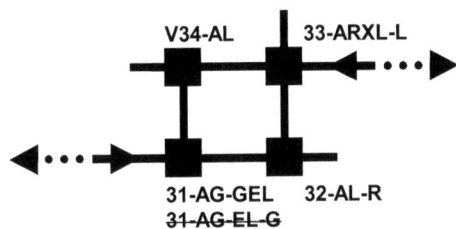

Auf der Wegstrecke der Originalwanderung liegt eine repetierend genutzte Verzweigung, die von der Originalwanderung mit zwei Passagen und von einer alternativen Wegstrecke mit einer zusätzlichen Passage belegt ist. Eine Schleife soll auf dem Rückweg mit einem Variantentyp realisiert werden.

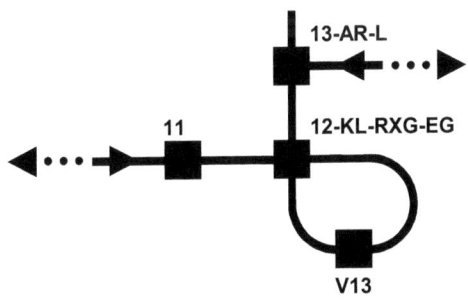

Die Notation lautet: **12-KL-RXG-EG** . Die dritte Passage wird ausschließlich von der alternativen Wegstrecke genutzt und weist daher kein Vokabular der Elementarrichtungen (R) für die Wegstrecke der Originalwanderung auf. Die Anwendung der Basisrestriktionen gestattet eine rudimentäre Notation, die solide Kenntnisse[*] der Wegstrecke voraussetzt: **12-KL-RXG** .

Bei einer repetierbaren alternativen Wegstrecke, die auf dem Rückweg auf einem bidirektionalen Wegstreckenabschnitt der Originalwanderung beginnt, wird die dritte Passage isoliert belegt.

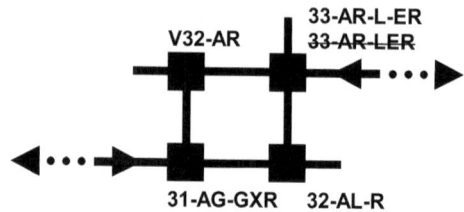

Enden mehrere mit einem Variantentyp initiierte alternative Wegstrecken an der letzten Passage mit einer isolierten Belegung, dann ist keine eindeutige Notation möglich, weil die Nutzung einer alternativen Wegstrecke optional ist und weil sich das Vokabular der Elementarrichtungen (R) der alternativen Wegstrecken untereinander strukturbedingt unterscheidet. Deshalb wird nur die Variantenart „E" notiert. Für die Anwendung sind daher solide Kenntnisse[*] der Wegstrecke unentbehrlich.

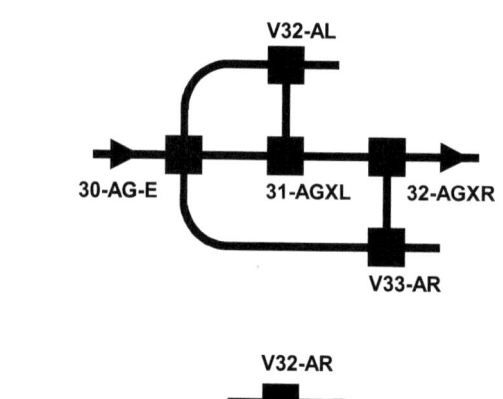

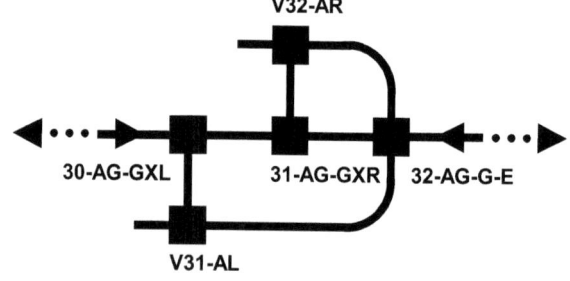

Fazit: Die Navigation auf der Wegstrecke der Originalwanderung bleibt an einer repetierend genutzten Verzweigung durch isolierte Passagenbelegungen alternativer Wegstrecken unberührt, da sich die Passagenzählung ausschließlich an der Originalwanderung orientiert. Ferner stellt das Verfahren sicher, dass bei der Notation immer nur die letzte Passage von einer isolierten Belegung betroffen ist. Auf einem Wegstreckenabschnitt der Originalwanderung, dessen erneute Nutzung in derselben Wanderrichtung durch einen Variantentyp provoziert wird, kann weder die Anzahl der Passagen (mehrfache Nutzung einer alternativen Wegstrecke) noch eine feste Passagenzuordnung (optionale Nutzung bei mehr als einer alternativen Wegstrecke) eindeutig festgelegt werden. Deshalb bleiben die lokalen Positionsnamen auf dem betroffenen Wegstreckenabschnitt der Originalwanderung unverändert erhalten. Eine repetierbare alternative Wegstrecke ist nach der ersten Nutzung bekannt und somit kann eine unbeabsichtigte Wiederholung ausgeschlossen werden. Bei der Anwendung der Basisrestriktionen lassen sich rudimentäre Notationen oft nicht vermeiden und setzten demzufolge solide Kenntnisse[*] der Wegstrecke voraus.

A.11 VARIANTENTYP OHNE ALTERNATIVE WEGSTRECKE

Dieser Diskurs befasst sich mit der verfahrenskonformen Protokollierung von Varianten ohne alternative Wegstrecken, die an einer repetierend genutzten Verzweigung mit einem Variantentyp initiiert und deren Enden nicht mit einem Variantentyp gekennzeichnet werden. Das Ende einer mit einem Variantentyp initiierten Wegstrecke wird nicht mit einem Variantentyp gekennzeichnet, wenn sie an einer repetierend genutzten Verzweigung beginnt und unmittelbar auf die repräsentative Wegstrecke verweist.

Die Untersuchung basiert auf Wegstreckenprofilen mit fest zugeordneten Positionen. Die strukturelle Eigenschaft einer Verzweigung bestimmt die maximale Anzahl verschiedener repräsentativer Wegstrecken. Jedes Profil ist mit dem Kurs einer der repräsentativen Wegstrecken belegt. Für die Positionsfolgen der sonst möglichen kontinuierlichen Wegstrecken werden für jedes Profil die navigationsgerechten Notationen und die Navigationsarten ermittelt. Betrachtet werden Abzweigungen und Kreuzungen. Ein Umkehrpunkt wird aufgrund seiner Trivialität und Wegspinnen werden aufgrund ihrer dynamischen strukturellen Eigenschaft nicht untersucht.

Bei einer Abzweigung (P₁) sind zwei Kurse (A und B) mit jeweils drei möglichen Wegstrecken zu betrachten.

POSITIONSFOLGE / KURS		KURS DER MÖGL. / WEGSTRECKE	NOTATION	NAVIGATIONSART
P1	A	34	34-ALXZ-L-G	verfahrenskonform
	B	34	34-AGXZ-R-R	verfahrenskonform
P1 ⇔ P2 ⇔ P1	A	34 - 35 - 34	34-AL-LXR-G	verfahrenskonform
	B	34 - 36 - 34	34-AGXL-RER-R	nicht verfahrenskonform
P1 ⇔ P3 ⇔ P1	A	34 - 36 - 34	34-ALXG-LEG-G	nicht verfahrenskonform
	B	34 - 35 - 34	34-AG-RXG-R	verfahrenskonform

Bei einer Kreuzung (P₁) sind sechs Kurse (C, D, E, F, G und H) mit jeweils zehn möglichen Wegstrecken zu betrachten.

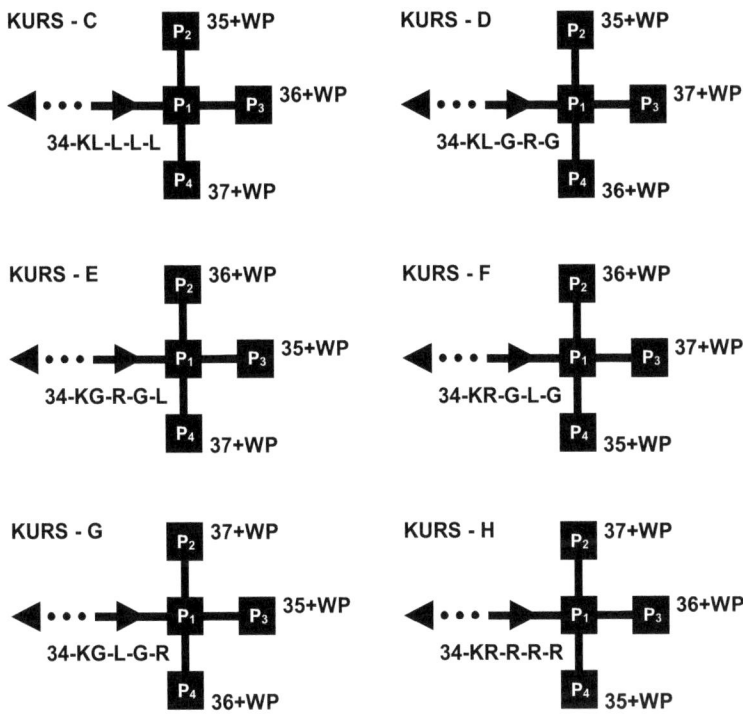

POSITIONSFOLGE / KURS		KURS DER MÖGL. / WEGSTRECKE	NOTATION	NAVIGATIONSART
P1	C	34	34-KLXZ-L-L-L	verfahrenskonform
	D	34	34-KLXZ-G-R-G	verfahrenskonform
	E	34	34-KGXZ-R-G-L	verfahrenskonform
	F	34	34-KRXZ-G-L-G	verfahrenskonform
	G	34	34-KGXZ-L-G-R	verfahrenskonform
	H	34	34-KRXZ-R-R-R	verfahrenskonform
P1 ⇨ P2 ⇨ P1	C	34 - 35 - 34	34-KL-LXR-L-L	verfahrenskonform
	D	34 - 35 - 34	34-KL-GXR-R-G	verfahrenskonform
	E	34 - 36 - 34	34-KGXL-RER-G-L	nicht verfahrenskonform
	F	34 - 36 - 34	34-KRXL-GER-L-G	nicht verfahrenskonform
	G	34 - 37 - 34	34-KGXL-LER-G-R	nicht verfahrenskonform
	H	34 - 37 - 34	34-KRXL-RER-R-R	nicht verfahrenskonform
P1 ⇨ P3 ⇨ P1	C	34 - 36 - 34	34-KLXG-LEG-L-L	nicht verfahrenskonform
	D	34 - 37 - 34	34-KLXG-GEG-R-G	nicht verfahrenskonform
	E	34 - 35 - 34	34-KG-RXG-G-L	verfahrenskonform
	F	34 - 37 - 34	34-KRXG-GEG-L-G	nicht verfahrenskonform
	G	34 - 35 - 34	34-KG-LXG-G-R	verfahrenskonform
	H	34 - 36 - 34	34-KRXG-REG-R-R	nicht verfahrenskonform

P1 ⇨ P4 ⇨ P1	C	34 - 37 - 34	34-KLXR-LEL-L-L	nicht verfahrenskonform
	D	34 - 36 - 34	34-KLXR-GEL-R-G	nicht verfahrenskonform
	E	34 - 37 - 34	34-KGXR-REL-G-L	nicht verfahrenskonform
	F	34 - 35 - 34	34-KR-GXL-L-G	verfahrenskonform
	G	34 - 36 - 34	34-KGXR-LEL-G-R	nicht verfahrenskonform
	H	34 - 35 - 34	34-KR-RXL-R-R	verfahrenskonform
P1 ⇨ P2 ⇨ P3 ⇨ P1	C	34 - 35 - 34 - 36 - 34	34-KL-L-LXG-L	verfahrenskonform
	D	34 - 35 - 34 - 37 - 34	34-KL-GXL-REG-G	nicht verfahrenskonform
	E	34 - 36 - 34 - 35 - 34		nicht navigationsgerecht
	F	34 - 36 - 34 - 37 - 34		nicht navigationsgerecht
	G	34 - 37 - 34 - 35 - 34	34-KGXL-L-GEG-R	nicht verfahrenskonform
	H	34 - 37 - 34 - 36 - 34		nicht navigationsgerecht
P1 ⇨ P2 ⇨ P4 ⇨ P1	C	34 - 35 - 34 - 37 - 34	34-KL-LXG-LEL-L	nicht verfahrenskonform
	D	34 - 35 - 34 - 36 - 34	34-KL-G-RXL-G	verfahrenskonform
	E	34 - 36 - 34 - 37 - 34		nicht navigationsgerecht
	F	34 - 36 - 34 - 35 - 34	34-KRXL-G-LEL-G	nicht verfahrenskonform
	G	34 - 37 - 34 - 36 - 34		nicht navigationsgerecht
	H	34 - 37 - 34 - 35 - 34		nicht navigationsgerecht
P1 ⇨ P3 ⇨ P4 ⇨ P1	C	34 - 36 - 34 - 37 - 34	34-KLXG-L-LEL-L	nicht verfahrenskonform
	D	34 - 37 - 34 - 36 - 34		nicht navigationsgerecht
	E	34 - 35 - 34 - 37 - 34	34-KG-RXL-GEL-L	nicht verfahrenskonform
	F	34 - 37 - 34 - 35 - 34		nicht navigationsgerecht
	G	34 - 35 - 34 - 36 - 34	34-KG-L-GXL-R	verfahrenskonform
	H	34 - 36 - 34 - 35 - 34		nicht navigationsgerecht
P1 ⇨ P4 ⇨ P3 ⇨ P1	C	34 - 37 - 34 - 36 - 34		nicht navigationsgerecht
	D	34 - 36 - 34 - 37 - 34		nicht navigationsgerecht
	E	34 - 37 - 34 - 35 - 34	34-KGXR-R-GEG-L	nicht verfahrenskonform
	F	34 - 35 - 34 - 37 - 35	34-KR-GXR-LEG-G	nicht verfahrenskonform
	G	34 - 36 - 34 - 35 - 34		nicht navigationsgerecht
	H	34 - 35 - 34 - 36 - 35	34-KR-R-RXG-R	verfahrenskonform
P1 ⇨ P4 ⇨ P2 ⇨ P1	C	34 - 37 - 34 - 35 - 34		nicht navigationsgerecht
	D	34 - 36 - 34 - 35 - 34	34-KLXR-G-RER-G	nicht verfahrenskonform
	E	34 - 37 - 34 - 36 - 34		nicht navigationsgerecht
	F	34 - 35 - 34 - 36 - 34	34-KR-G-LXR-G	verfahrenskonform
	G	34 - 36 - 34 - 37 - 34		nicht navigationsgerecht
	H	34 - 35 - 34 - 37 - 34	34-KR-RXG-RER-R	nicht verfahrenskonform
P1 ⇨ P3 ⇨ P2 ⇨ P1	C	34 - 36 - 34 - 35 - 34		nicht navigationsgerecht
	D	34 - 37 - 34 - 35 - 34		nicht navigationsgerecht
	E	34 - 35 - 34 - 36 - 34	34-KG-R-GXR-L	verfahrenskonform
	F	34 - 37 - 34 - 36 - 34		nicht navigationsgerecht
	G	34 - 35 - 34 - 37 - 34	34-KG-LXR-GER-R	nicht verfahrenskonform
	H	34 - 36 - 34 - 37 - 34	34-KRXG-R-RER-R	nicht verfahrenskonform

G, R, L = Strukturelle Eigenart

Fazit: Die beiden Tabellen demonstrieren, dass an Abzweigungen und an Kreuzungen immer eine repräsentative Wegstrecke existiert, deren Kurs eine verfahrenskonforme Notation für eine beliebige Variante ohne alternative Wegstrecke unterstützt. Die Notation eines Variantentyps ist verfahrenskonform, wenn der Kurs der repräsentativen Wegstrecke die gemeinsamen Positionen einschließt und bei der zuletzt erreichten gemeinsamen Position unmittelbar auf den repräsentativen Wegstrecken- abschnitt verweist, der die repetierende Verzweigung nicht mehr erreicht. Die Kennzeichnung für das Ende einer mit einem Variantentyp initiierten Wegstrecke entfällt, weil keine alternative Wegstrecke existiert. Die Positionen für den Beginn und das Ende sind identisch. Wenn die strukturelle Eigenschaft einer Abzweigung oder einer Kreuzung eine geringere Anzahl verschiedener repräsentativer Wegstrecken zulässt, dann lassen sich die zutreffende Notation und Navigationsart adäquat ermitteln. Dies ist dann der Fall, wenn die repräsentative Wegstrecke unidirektional verläuft.

Die beiden Tabellen enthalten auch die möglichen Wegstrecken, deren Notation zwar navigationsgerecht, aber nicht verfahrenkonform oder nicht navigationsgerecht ist. Bei einer navigationsgerechten und nicht verfahrenskonformen Notation wird das Ende einer möglichen Wegstrecke an der entsprechenden Passage mit der Variantenart „E" gekennzeichnet. Die Notation ist nicht verfahrenskonform, weil die mögliche Wegstrecke und ihre Wanderrichtung mit der repräsentativen übereinstimmen. Eine strukturelle Eigenart liegt vor, wenn das Vokabular der Elementarrichtungen (R) an einer Passage, an der eine mögliche Wegstrecke noch nicht beendet ist, mit dem der repräsentativen Wegstrecke korrespondiert. Derartige Notationen sind aus konzeptionellen Gründen zu vermeiden. Eine geeignete Streckenführung ist vielmehr während des Designs einer repräsentativen Wegstrecke zu bewerten.

Notationen gelten als nicht navigationsgerecht, wenn die möglichen Wegstrecken an der Passage, die mit der Variantenart „E" gekennzeichnet ist, nicht enden.

A.12 GEMEINSAM GENUTZTER WEGSTRECKENABSCHNITT

Dieser Diskurs untersucht Konstellationen, bei denen ein Wegstreckenabschnitt der Originalwanderung von einer mit einem Variantentyp initiierten oder mit einem rudimentären Variantenindikator markierten alternativen Wegstrecke in umgekehrter Wanderrichtung genutzt wird. Eine alternative Wegstrecke setzt sich aus individuellen Wegstrecken oder repräsentativen Wegstreckenabschnitten in umgekehrter Wanderrichtung zusammen.

Eine alternative Wegstrecke endet, wenn sie wieder mit der Wegstrecke der Originalwanderung zusammentrifft und diese bereits von der Originalwanderung bidirektional genutzt wird oder wenn die Wegstrecke von der Originalwanderung unidirektional genutzt und die alternative Wegstrecke im Anschluss in derselben Wanderrichtung wie die Originalwanderung fortgesetzt wird oder wenn das Ende der Originalwanderung erreicht wird. Das Verfahren unterstützt keine Wegstreckenabschnitte, die von der Originalwanderung und einer alternativen Wegstrecke gemeinsam in derselben Wanderrichtung genutzt werden.

An einem Kreuzungs- oder Tangentialpunkt erreicht eine alternative Wegstrecke erneut die Wegstrecke der Originalwanderung, sie wird jedoch unmittelbar oder mittelbar aufgrund einer wegstreckenübergreifenden Richtungssequenz auf einer individuellen Wegstrecke fortgesetzt. Deshalb bleiben Kreuzungs- oder Tangentialpunkte bei dieser Betrachtung unberücksichtigt.

Liegt eine unidirektionale Nutzung der Wegstrecke der Originalwanderung vor, dann kann eine alternative Wegstrecke auf der Wegstrecke der Originalwanderung in umgekehrter Wanderrichtung verlaufen. Dazu werden lokale Positionsnamen der Originalwanderung auf dem betroffenen Wegstreckenabschnitt mit repetierend genutzten Verzweigungen belegt. Eine repetierend genutzte Verzweigung setzt eine geordnete Passagenreihenfolge voraus und folglich kann nur die letzte Passage von einer alternativen Wegstrecke belegt werden. Wenn eine alternative Wegstrecke eine repetierend genutzte Verzweigung erreicht, dann ist bei der Anwendung zu beachten, dass die Positionssequenznummer (N) der Originalwanderung anschließend rückwärts gezählt wird, bis die Notation der von der alternativen Wegstrecke belegten repetierend genutzten Verzweigungen endet und auf einen individuellen Wegstreckenabschnitt der alternativen Wegstrecke verwiesen wird oder bis die alternative Wegstrecke selbst endet.

Eine mit einem Variantentyp initiierte individuelle Wegstrecke stellt an einer Verzweigung eine korrekte Navigation sicher.

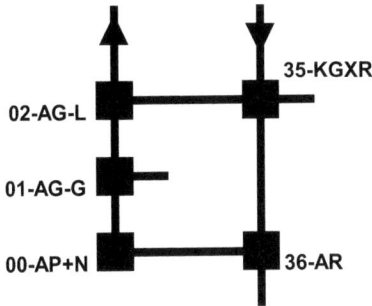

Mit einem rudimentären Variantenindikator wird der Beginn einer alternativen Wegstrecke auf der Wegstrecke der Originalwanderung an einem <u>Verzweigungstyp mit Kommentar</u> oder an einer <u>Attraktion</u> markiert. Werden mit einem rudimentären Variantenindikator an einem Verzweigungstyp mit Kommentar eine oder mehrere alternative Wegstrecken markiert, die mit einem individuellen Wegstreckenabschnitt beginnen, dann wird auf den individuellen Wegstreckenabschnitten jeweils mindestens ein lokaler Positionsname mit einer Positionssequenznummer (N) einer Variante gesetzt, damit die weiterführenden realen Streckentypen der individuellen Wegstrecken ermittelt werden können.

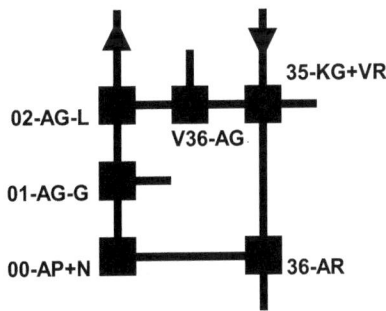

Ein Variantentyp gewährleistet auch dann eine direkte Navigation, wenn an einem Umkehrpunkt oder an einer nicht repetierend genutzten Verzweigung eine alternative Wegstrecke unmittelbar in umgekehrter Wanderrichtung initiiert wird.
Wird mit einem rudimentären Variantenindikator an einem nicht repetierend genutzten Verzweigungstyp mit Kommentar oder an einer

Attraktion eine einzige alternative Wegstrecke markiert und es existiert kein individueller Wegstreckenabschnitt mit einem adäquaten lokalen Positionsnamen mit einer Positionssequenznummer (N) einer Variante, dann wird die Wanderung auf der Wegstrecke der Originalwanderung in umgekehrter Wanderrichtung fortgesetzt. Verfahrensbedingt sind auf der Wegstrecke der Originalwanderung keine lokalen Positionsnamen mit einer Positionssequenznummer (N) einer Variante zulässig. Folglich muss indirekt auf die umgekehrte Wanderrichtung geschlossen werden.

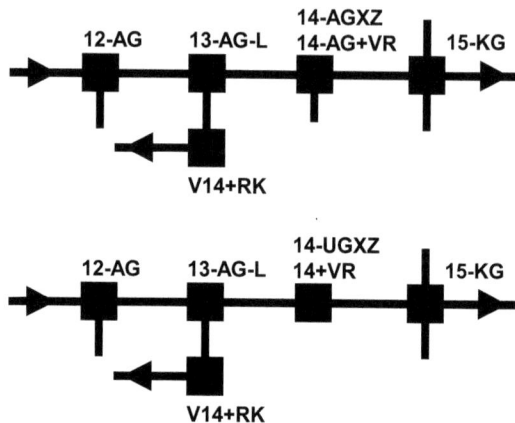

Ein Variantentyp stellt auch dann eine direkte Navigation sicher, wenn an einer nicht repetierend genutzten Verzweigung neben der in umgekehrter Wanderrichtung initiierten alternativen Wegstrecke eine oder mehrere individuelle Wegstrecken beginnen.

Werden mit einem rudimentären Variantenindikator an einer nicht repetierend genutzten Verzweigung mehrere alternative Wegstrecken markiert, dann ist für die alternative Wegstrecke in umgekehrter Wanderrichtung eine indirekte Navigation aufgrund der syntaktischen Richtlinien theoretisch zwar möglich, sie lässt sich jedoch im Gelände ohne solide Kenntnisse* der Wegstrecke nicht mehr praktikabel anwenden.

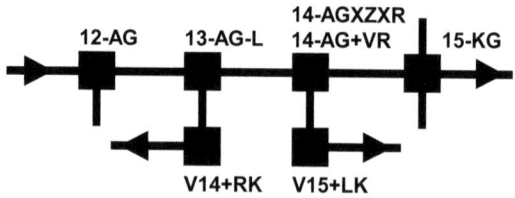

Ein Variantentyp reguliert an einer repetierend genutzten Verzweigung die Passage, an der eine alternative Wegstrecke in umgekehrter Wanderrichtung beginnt.

Wird mit einem rudimentären Variantenindikator an einer repetierend genutzten Verzweigung eine einzige alternative Wegstrecke markiert und es existiert kein individueller Wegstreckenabschnitt mit einem adäquaten lokalen Positionsnamen mit einer Positionssequenznummer (N) einer Variante, dann kann zwar auf die umgekehrte Wanderrichtung indirekt geschlossen werden, es ist jedoch nicht erkennbar, bei welcher Passage sie beginnt.

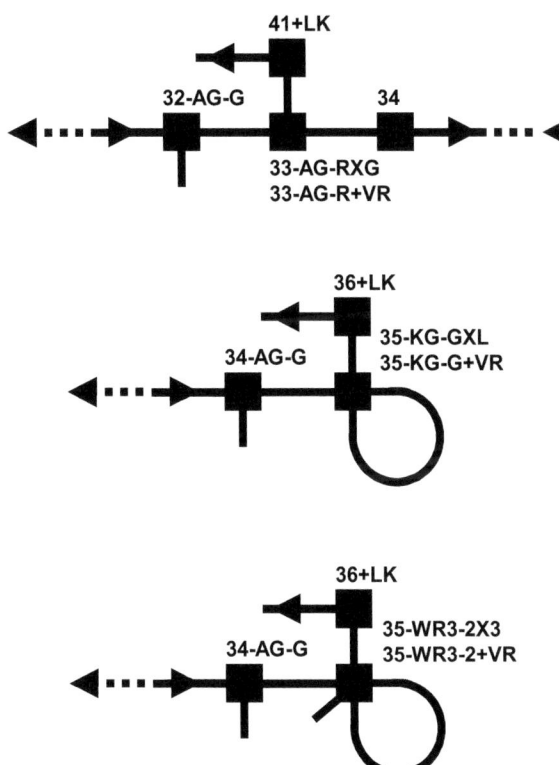

Ein Variantentyp regelt an einer repetierend genutzten Verzweigung auch dann die Passagen, wenn die in umgekehrte Wanderrichtung initiierte alternative Wegstrecke und eine oder mehrere individuelle Wegstrecken beginnen.

Werden mit einem rudimentären Variantenindikator an einer repetierend genutzten Verzweigung mehrere alternative Wegstrecken markiert, dann ist neben der Problematik, den Beginn der alternativen Wegstrecke in umgekehrter Wanderrichtung im Gelände zu erschließen, zudem nicht erkennbar, bei welcher Passage sie beginnen.

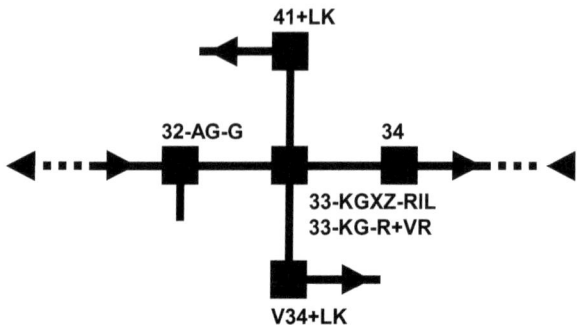

Fazit: Mit einem Variantentyp können Konstellationen gemeinsam genutzter Wegstreckenabschnitte elegant realisiert werden. Das Verfahren setzt bei einer mit einem Variantentyp initiierten alternativen Wegstrecke eine vollständige Notation voraus und somit werden bei der Anwendung der Basisrestriktionen an einer nicht repetierend genutzten Verzweigung maximal zwei alternative Wegstrecken und an einer repetierend genutzten Verzweigung eine alternative Wegstrecke unterstützt.

Ein rudimentärer Variantenindikator provoziert immer eine indirekte Navigation und somit sind mindestens grobe Kenntnisse[*] der Wegstrecke unerlässlich. Beginnt eine mit einem rudimentären Variantenindikator markierte alternative Wegstrecke mit einem individuellen Wegstreckenabschnitt, dann wird auf dem individuellen Wegstreckenabschnitt mindestens ein lokaler Positionsname mit einer Positionssequenznummer (N) einer Variante gesetzt. Wird mit einem rudimentären Variantenindikator eine alternative Wegstrecke in umgekehrter Wanderrichtung markiert, dann entfällt verfahrensbedingt diese Kennzeichnung. Als Konsequenz verkompliziert sich die Navigation und setzt gegebenenfalls solide Kenntnisse[*] der Wegstrecken voraus. Werden mit einem rudimentären Variantenindikator an einem nicht repetierend genutzten Verzweigungstyp mit Kommentar mehrere alternative Wegstrecken markiert und eine davon in umgekehrter Wanderrichtung, dann sind zwar theoretisch grobe Kenntnisse[*] der Wegstrecke ausreichend, aber aufgrund der komplizierten indirekten Navigation solide empfehlenswert. Wenn eine mit einem rudimentären Variantenindikator markierte alternative Wegstrecke an einer repetierend genutzten Verzweigung beginnt, dann sind aufgrund der Passagenproblematik immer solide Kenntnisse* der Wegstrecke erforderlich. In diesen Fällen ist zu prüfen, ob die Notation durch einen Variantentyp ersetzt werden kann, oder ob es nicht zweckmäßiger ist, anstatt eines rudimentären Variantenindikators eine zweite Originalwanderung mit einem separaten Wegpunktesatz (Set of Waypoints) zu erstellen. Rudimentäre Variantenindikatoren kommen bei der Anwendung der Basisrestriktionen zum Einsatz, wenn an einer nicht repetierend genutzten Verzweigung zwei alternative Wegstrecken beginnen und die Navigation mit Richtungssequenzen sichergestellt wird oder wenn mehr als zwei alternative Wegstrecken beginnen. Generell dienen diese Anwendungen vor allem zur Dokumentation alternativer Wegstrecken während der Entwicklung beziehungsweise Wegstreckenprotokollierung (Scouting) eines Wegpunktesatzes und sind aufgrund der komplizierten Handhabung für Anwender (Wanderer) in unbekanntem Terrain weniger geeignet.

A.13 VARIANTENTYP AN REPETIEREND GENUTZTEN VERZWEIGUNGEN

Dieser Diskurs untersucht, inwieweit bei der Anwendung der Basisrestriktionen eine mit einem Variantentyp initiierte alternative Wegstrecke, die an einer repetierend genutzten Verzweigung mit einem individuellen Wegstreckenabschnitt beginnt, zweckdienlich in das Verfahren integriert werden kann. Ein Variantentyp wird stets mit einer vollständigen Notation eingeleitet. Eine repetierend genutzte Verzweigung liegt vor, wenn eine Wegstrecke dieselbe Verzweigung mehr als einmal erreicht. Betrachtet werden ausschließlich repetierend genutzte Verzweigungen, deren Passagen in die Wegstrecke der Originalwanderung integriert sind und an denen keine protokollierten alternativen Wegstrecken enden. Konstellationen, die eine mehrfache Nutzung von Wegstreckenabschnitten der Originalwanderung in derselben Wanderrichtung erfordern, werden nicht untersucht. Somit bleibt ein Umkehrpunkt bei dieser Betrachtung unberücksichtigt.

A.13.1 VARIANTENTYP AN WEGSPINNEN

Eine mit einem Variantentyp initiierte individuelle Wegstrecke ist an einer repetierend genutzten Verzweigung auf einer unidirektional genutzten Wegstrecke der Originalwanderung nur an einer Wegspinne möglich.

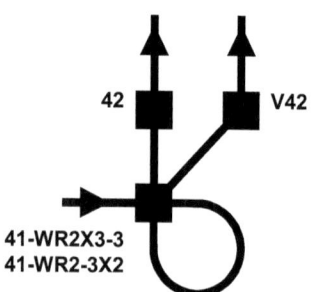

An einer repetierend genutzten Wegspinne treten Konstellationen auf, die eine Transformation zwischen einem unidirektional und einem bidirektional genutzten Wegstreckenabschnitt der Originalwanderung aufweisen.

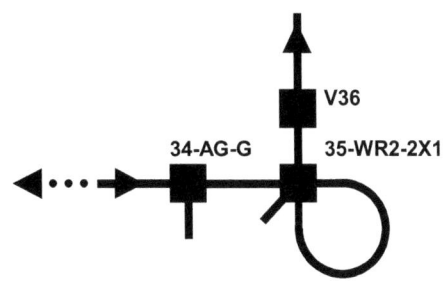

Eine mit einem Variantentyp initiierte individuelle Wegstrecke, die an einer repetierend genutzten Wegspinne auf einer bidirektionalen Streckenführung der Originalwanderung beginnt, kann ebenfalls mit dem Verfahren protokolliert werden.

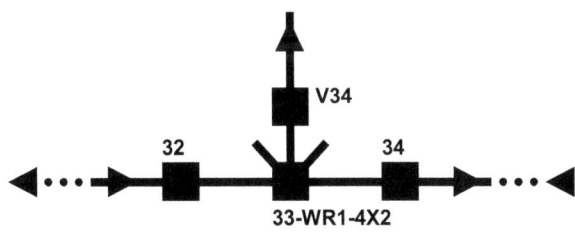

Aufgrund der restriktiven Länge der Positionsnamen kann eine vollständige Notation für zwei Passagen nur dann erreicht werden, wenn die Sonderregelung zur Vereinheitlichung der initialen Zählmodi auch variantenübergreifend angewandt wird. Die Verwendung von Richtungssequenzen und eines Kommentars (K) sind nicht möglich.

A.13.2 VARIANTENTYP AN KREUZUNGEN

An einer repetierend genutzten Kreuzung ist eine mit einem Variantentyp initiierte individuelle Wegstrecke bei Konstellationen möglich, die eine Transformation zwischen einem unidirektional und einem bidirektional genutzten Wegstreckenabschnitt der Originalwanderung aufweisen.

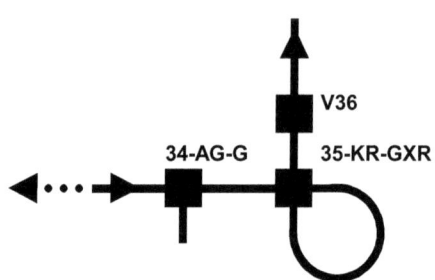

Eine mit einem Variantentyp initiierte individuelle Wegstrecke, die an einer repetierend genutzten Kreuzung auf einer bidirektionalen Strecken-führung der Originalwanderung beginnt, kann ebenfalls mit dem Verfahren protokolliert werden.

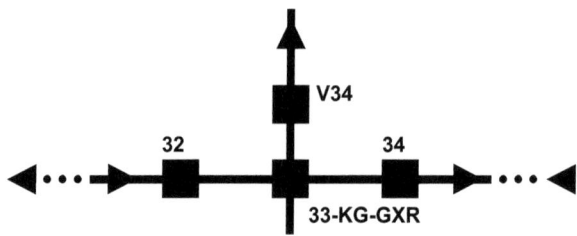

Aufgrund der restriktiven Länge der Positionsnamen können mit einer vollständigen Notation maximal zwei Passagen unterstützt werden. Die Verwendung von Richtungssequenzen ist nur sehr eingeschränkt möglich. An einer asymmetrischen Kreuzung[*] ist die Sonderregelung zur Ver-einheitlichung der initialen Zählmodi variantenübergreifend anzuwenden. Richtungssequenzen können an einer asymmetrischen Kreuzung[*] nicht genutzt werden. Der Einsatz eines Kommentars (K) ist weder an Kreuzungen noch an asymmetrischen Kreuzungen[*] realisierbar.

A.13.3 VARIANTENTYP AN ABZWEIGUNGEN

An einer repetierend genutzten Abzweigung ist eine mit einem Variantentyp initiierte individuelle Wegstrecke ausschließlich an einer bidirektionalen Streckenführung der Originalwanderung möglich.

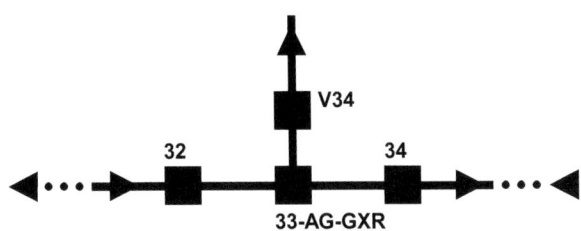

Aufgrund der restriktiven Länge der Positionsnamen können mit einer vollständigen Notation maximal zwei Passagen unterstützt werden. Richtungssequenzen sind nur eingeschränkt anwendbar. Die Verwendung eines Kommentars (*K*) ist an Abzweigungen nicht möglich.

A.13.4 FAZIT

Wenn bei der Anwendung der Basisrestriktionen an einer repetierend genutzten Verzweigung der Originalwanderung ein einziger mit einem Variantentyp initiierter individueller Wegstreckenabschnitt beginnt, dann unterstützt das Verfahren maximal zwei Passagen mit einer vollständigen syntaktischen Notation. Dabei ist an Wegspinnen und asymmetrischen Kreuzungen* die Sonderregelung zur Vereinheitlichung der initialen Zählmodi variantenübergreifend anzuwenden. Aufgrund der restriktiven Länge der Positionsnamen sind Richtungssequenzen nur eingeschränkt anwendbar. Die Nutzung eines Kommentars (*K*) ist nicht möglich.

A.14 RUDIMENTÄRER VARIANTENINDIKATOR AN REPETIEREND GENUTZTEN VERZWEIGUNGEN

Dieser Diskurs untersucht, inwieweit bei der Anwendung der Basisrestriktionen eine mit einem rudimentären Variantenindikator an einer repetierend genutzten Verzweigung markierte alternative Wegstrecke, die mit einem individuellen Wegstreckenabschnitt beginnt, zweckdienlich in das Verfahren integriert werden kann. An einem <u>Verzweigungstyp mit Kommentar</u> wird mit dem Standardkommentar „VR" eine alternative Wegstrecke markiert. Die individuelle Wegstrecke wird in angemessener Distanz mit einem <u>lokalen Positionsnamen</u> mit der adäquaten <u>Positionssequenznummer</u> (N) einer Variante belegt. Eine repetierend genutzte Verzweigung liegt vor, wenn eine Wegstrecke dieselbe Verzweigung mehr als einmal erreicht. Betrachtet werden ausschließlich repetierend genutzte Verzweigungen, deren Passagen in die Wegstrecke der Originalwanderung integriert sind und an denen keine protokollierte alternative Wegstrecke endet. Konstellationen, die eine mehrfache Nutzung von Wegstreckenabschnitten der Originalwanderung in derselben Wanderrichtung erfordern, werden nicht untersucht. Somit bleibt ein Umkehrpunkt bei dieser Betrachtung unberücksichtigt.

A.14.1 RUDIMENTÄRER VARIANTENINDIKATOR AN WEGSPINNEN

Eine mit einem rudimentären Variantenindikator markierte individuelle Wegstrecke ist an einer repetierend genutzten Verzweigung auf einer unidirektionalen Streckenführung der Originalwanderung nur an einer Wegspinne möglich.

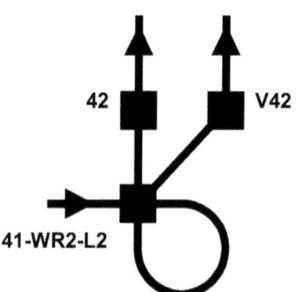

An einer repetierend genutzten Wegspinne treten Konstellationen auf, die eine Transformation zwischen einem unidirektional und einem bidirektional genutzten Wegstreckenabschnitt der Originalwanderung aufweisen.

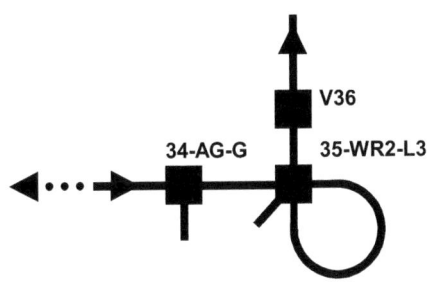

Eine mit einem rudimentären Variantenindikator markierte individuelle Wegstrecke, die an einer repetierend genutzten Wegspinne auf einer bidirektionalen Streckenführung der Originalwanderung beginnt, kann ebenfalls mit dem Verfahren protokolliert werden.

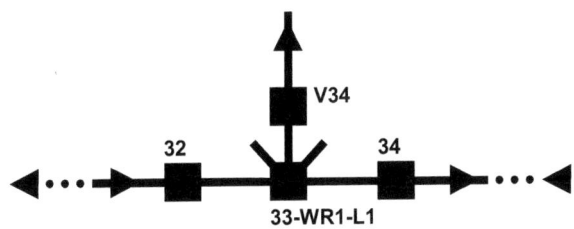

Da der Standardkommentar „VR" aufgrund der restriktiven Länge der Positionsnamen bei Wegspinnen nicht notiert werden kann, wird der Anfang einer individuellen Wegstrecke nur durch die Positionssequenznummer (N) einer Variante thematisiert. Richtungssequenzen sind nur eingeschränkt anwendbar. Es werden maximal drei Passagen unterstützt.

A.14.2 RUDIMENTÄRER VARIANTENINDIKATOR AN KREUZUNGEN

An einer repetierend genutzten Kreuzung ist eine mit einem rudimentären Variantenindikator markierte individuelle Wegstrecke bei Konstellationen möglich, die eine Transformation zwischen einem unidirektional und einem bidirektional genutzten Wegstreckenabschnitt der Originalwanderung aufweisen.

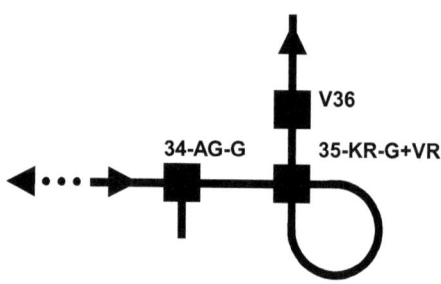

Eine mit einem rudimentären Variantenindikator markierte individuelle Wegstrecke, die an einer repetierend genutzten Kreuzung auf einer bidirektionalen Streckenführung der Originalwanderung beginnt, kann ebenfalls mit dem Verfahren protokolliert werden.

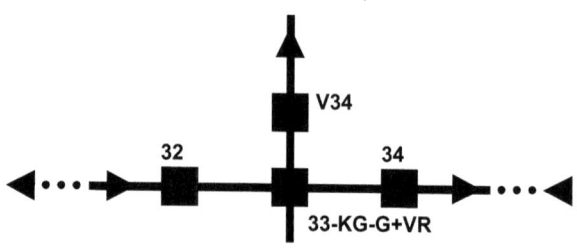

Der Standardkommentar „VR" kann aufgrund der restriktiven Länge der Positionsnamen an einer asymmetrischen Kreuzung[*] oder an einer repetierend genutzten Verzweigung mit drei Passagen nicht notiert werden. Richtungssequenzen sind nur anwendbar, wenn auf den Standardkommentar „VR" verzichtet wird. Somit wird der Anfang einer individuellen Wegstrecke häufig nur durch die Positionssequenznummer (N) einer Variante thematisiert.

A.14.3 RUDIMENTÄRER VARIANTENINDIKATOR AN ABZWEIGUNGEN

An einer repetierend genutzten Abzweigung ist eine mit einem rudimentären Variantenindikator markierte individuelle Wegstrecke ausschließlich an einer bidirektionalen Streckenführung der Originalwanderung möglich.

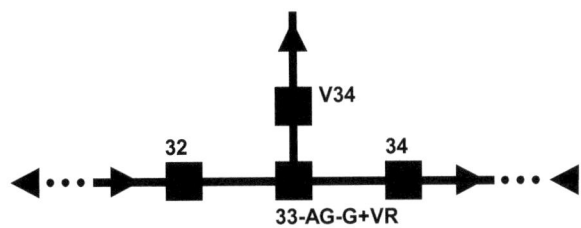

Der Standardkommentar „VR" kann aufgrund der restriktiven Länge der Positionsnamen an einer repetierend genutzten Abzweigung mit drei Passagen nicht notiert werden. Richtungssequenzen sind nur anwendbar, wenn auf den Standardkommentar „VR" verzichtet wird. Somit wird der Anfang einer individuellen Wegstrecke häufig nur durch die Positionssequenznummer (*N*) einer Variante thematisiert.

A.14.4 FAZIT

Bei der Anwendung der Basisrestriktionen ist eine vollständige Notation einer mit einem rudimentären Variantenindikator an einer repetierend genutzten Verzweigung markierten alternativen Wegstrecke, die mit einem individuellen Wegstreckenabschnitt beginnt, aufgrund der restriktiven Länge der Positionsnamen für maximal zwei Passagen und nur an Abzweigungen und Kreuzungen (nicht asymmetrischen Kreuzungen[*]) ohne Richtungssequenzen möglich. In allen anderen Fällen kann mit dem Standardkommentar „VR" nicht auf den Anfang einer individuellen Wegstrecke hingewiesen werden und sie wird nur durch die Positionssequenznummer (*N*) einer Variante thematisiert.
Während die Navigation an einer repetierend genutzten Verzweigung für die Wegstrecke der Originalwanderung von der Syntax unterstützt wird, ist bei einer Markierung mit einem rudimentären Variantenindikator nicht erkennbar, bei welcher Passage eine individuelle Wegstrecke beginnt.

Durch die Einführung spezifischer Standardkommentare könnte eine Passagenkennung für eine alternative Wegstrecke realisiert werden, doch wäre eine Notation auch hier aufgrund der restriktiven Länge der Positionsnamen nur sehr eingeschränkt möglich. Syntaktische Besonderheiten zur Passagensteuerung in der Kernsyntax würden der bisher gewährleisteten Transparenz und der praxisorientierten Interpretierbarkeit schaden.

Das Verfahren hat zum Ziel, mit einem Wegpunktesatz (Set of Waypoints) die Navigation für eine Originalwanderung zu vereinfachen und nicht ein Wegstreckennetz abzubilden. Eine Erhöhung der Komplexität durch rudimentäre Strukturen für sekundäre Navigationsmerkmale harmoniert nicht mit dem konzeptionellen Ansatz des Verfahrens. Deshalb werden beim Einsatz eines rudimentären Variantenindikators an repetierend genutzten Verzweigungen solide Kenntnisse* der Wegstrecken vorausgesetzt. Erscheint bei der Anwendung der Basisrestriktionen eine vollständige Protokollierung einer mit einem rudimentären Variantenindikator markierten alternativen Wegstrecke unumgänglich, dann ist die alternative Wegstrecke in den Status einer Originalwanderung zu heben und dafür einen separaten Wegpunktesatz (Set of Waypoints) anzulegen.

A.15 DEGENERIERTE NOTATION RUDIMENTÄRER VARIANTEN-INDIKATOREN

Bei der Anwendung der Basisrestriktionen stellt das Verfahren an einem repetierenden <u>Verzweigungstyp mit Kommentar</u> eine degenerierte Syntax zur Verfügung, die es erlaubt, das <u>Vokabular der Verzweigungstypen</u> (X) isoliert zu notieren, wenn die Notation nicht vollständig oder nicht eindeutig formuliert werden kann. Das <u>Vokabular der Elementarrichtungen</u> (R) und gegebenenfalls <u>Abbiegungsnummern</u> (A) werden vernachlässigt. Folglich lassen sich alternativ maximal zwei Standardkommentare ergänzen. Somit kann an einem Verzweigungstyp mit Kommentar auf der repräsentativen Wegstrecke eine konzeptionell zwar bedenkliche, aber syntaktisch korrekte Notation eingesetzt werden, die mit dem Standardkommentar „VR" den Beginn einer oder mehrerer alternativer Wegstrecken markiert.

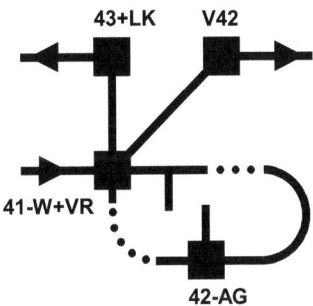

Fazit: Das Verfahren hat zum Ziel, mit Priorität die Navigation für die repräsentative Wegstrecke zu unterstützen. Die diskutierte syntaktische Konstruktion hebt bei der Anwendung der Basisrestriktionen mit einem rudimentären Variantenindikator indessen sekundäre Navigationsmerkmale hervor. Als Konsequenz erfordert ihr Einsatz sowohl bei einer korrekten als auch bei einer eher grenzwertigen bis missbräuchlichen Anwendung einen erhöhten Orientierungsaufwand im Gelände und solide Kenntnisse[*] der Wegstrecken.